领导学小丛书

做机关里靠谱的“文字匠”

王 涛◎著

中共中央党校出版社

图书在版编目（CIP）数据

做机关里靠谱的“文字匠”/王涛著. --北京：中共中央党校出版社，2023.6（2023.8 重印）

（领导学小丛书）

ISBN 978-7-5035-7468-9

Ⅰ.①做… Ⅱ.①王… Ⅲ.①国家行政机关-公文-写作-中国 Ⅳ.①H152.3

中国国家版本馆 CIP 数据核字（2023）第 002922 号

做机关里靠谱的“文字匠”

策划统筹 曾忆梦
责任编辑 王新焕
责任印制 陈梦楠
责任校对 魏学静
出版发行 中共中央党校出版社
地　　址 北京市海淀区长春桥路 6 号
电　　话 （010）68922815（总编室）　（010）68922233（发行部）
传　　真 （010）68922814
经　　销 全国新华书店
印　　刷 中煤（北京）印务有限公司
开　　本 710 毫米×1000 毫米　1/16
字　　数 230 千字
印　　张 20
版　　次 2023 年 6 月第 1 版　2023 年 8 月第 2 次印刷
定　　价 68.00 元

微 信 ID：中共中央党校出版社　**邮　　箱**：zydxcbs2018@163.com

序　言

最近我通过公众号拜读了王涛同志的以“机关里的‘文字匠’”为题的连载文章。文章短小精悍、风格活泼、夹叙夹议、寓意深刻，读后倍感亲切、备受启发，仿佛回到了我们在市委政策研究室时的工作和生活，依稀想起了在辛苦的文字历练中积累的一些难忘心得和珍贵经验。

市委政研室主要是承担市委文件起草和调查研究工作的职能部门，大家常称其是市委的智囊和外脑。文字工作是非常辛苦、极为枯燥的，不仅要经常加班加点，挑灯夜战，而且更要经常自我否定，推倒重写，无论在体力上、精神上对人都是极大的磨炼和考验。我和王涛同志曾共同经历过这种锻炼。王涛同志是作为引进人才，从天津市委研究室调入青岛市委政研室的。青岛市委政研室从1981年10月设立至今，从秘书干起，直至干到副秘书长兼政研室主任的，只有我和王涛同志两人。我在政研室工作13年，王涛同志则工作近30年，这足以表明他对党组织需要的忠实和对文字事业的热爱，同时也表明市委对他的信任和政研室同志对他的拥戴。

以铜为镜正衣冠，以史为镜知兴替，以人为镜明得失。重视历史，正确修史，总结历史经验，指导未来发展，是中国人民5000多年文明连绵不断，波浪式从苦难走向光辉灿烂，攀上更大辉煌的智慧和法宝。纵观古今中外，大到一国一党，小到一地区一部门，无不是正史者昌，灭史者亡。

市委政研室作为市委的重要参谋和助手，同样要重视自身发展的历史，善于总结历史经验，长于运用历史经验，掌握工作主动，把握未来发展，不断提高工作质量和自身的地位作用。每个在政研室工作的同志，特别是担任领导工作的同志，都应注重通过不同方式对政研室的历史加以总结分析，以对政研室的未来发展负责，对现在政研室同志的成长负责。王涛同志既有在政研室不同层级岗位的全过程历练，也有在政研室最高岗位的领导经验。他撰写的这些文章充分反映了他的一些历练体会，以及一些经验感悟。这一篇篇短文，一段段警句，来自实践的积累，构成经验的示范。认真阅读，细心体会，确实开卷有益，能够发人深思。这是政研室一种最具体最实际的历史总结、一种最生动最有用的经验之谈。

王涛同志的短文用了“文字匠”的主题，更体现了他对近30年文字工作的挚爱与不舍，可谓“文不按古，匠心独妙”。匠，一般指在某些方面很有造诣的人，“文字匠”当然是在文字上有所造诣的人。要成为文字方面的匠，首先要有孜孜不倦、追求卓越的匠魂，同时要练就达到极致的匠艺，就是要以无限忠诚的信仰对待党的事业，要以语不惊人誓不休的毅力追求极致的文字艺术。王涛同志的短文立意于此，体现于此，着实令人钦佩，使人高兴。因为老一辈的“文字匠”曾告诫我们，从事文字工作不仅要苦练，还要有悟性，要不断提高自己的悟性。所谓悟性，通俗地讲就是天分，而天分的高低取决于人是否勤奋。所以，所有从事文字工作的人不能仅仅把文字工作当任务，而应当作为毕生事业。首先是要当成事，时时刻刻地写点东西、做点事，事做多了、做大了就成了业。

我赞成王涛同志把在政研室工作的经历用短文形式一点一滴写出来，也支持曾在政研室工作的其他同志都能这样做。这不仅对政研室现在的工作和现在的同志是一种支持和鼓励，而且对我们自身也是一种思想的提高和升华。更重要的是对进入老年阶段的“文字匠”的健康大有裨益，这是有科学依据的，已有实践证明常用脑的人更长寿，我觉得是可信的，更是可行的。

希望王涛同志撰写、出版更多优秀作品！

刘建华

中共青岛市委常委、政法委书记

目　录

机关里最苦最累的差事

据说，曾经主政山东的一位官员说过："给我干活儿的有木匠，有瓦匠，还有一帮字匠。"说的就是给他执笔捉刀的"笔杆子"们。今天，我们这些在机关里"写材料的"，就时常援引他的话，自称为"文字匠"。下面就闲侃一下"机关里的'文字匠'"这个话题吧。

说起来，我多少有一点资格聊这个话题。屈指算来，我在机关文字岗位上干了 27 年，前后主持或参与起草过六届青岛市党代会报告，从最基层的科员一直干到市委副秘书长、政研室主任，而且在政研室一把手的位置上干了 9 年，成为在市委政研室主任位置上干的时间最长的干部。因此，对这一行的酸甜苦辣，我大概是感受最深的人之一吧！

我曾和同事们开玩笑说，政协里少了一个界别。按说，机关里不论哪个部门都有一批专门从事文字工作的干部，这些人应该联合起来成立一个"起草界"。若真有这个界别，我大约是有资格竞争个地区负责人干干了！

机关里的文字岗位是个"好汉子不愿意干，赖汉子干不来"

的岗位。这个岗位给人的第一感觉就是苦，非常非常的苦。这个岗位一年到头都要加班，是机关里面最忙的岗位之一。不同于机关里的其他工作，文字工作几乎没什么计划性，往往来的都是急活儿，忙起来用“废寝忘食”来形容一点也不夸张。机关里面也有许多岗位很忙，但那种“忙”更多的是一种事务性的忙，可以说是“累腿不累心”，文字岗位则不然，在这个岗位上即使手头儿没有工作，精神上也是高度紧张，时刻处于待机状态，久而久之，人就难免累出“内伤”来。

“起草界”的朋友们聚在一起，往往三杯老酒下肚，个个痛说革命家史！我在文字岗位上工作时，最多的一年经过我的手起草和修改的文稿有 1600 多篇，这还不算平时每天审修的新闻稿，此种工作强度是机关里其他任何一个岗位几乎都无法与之相比的。由于工作量大，加班便成了家常便饭，过去我每年都有 20 多天是通宵工作，平日里也很少有不加班的时候。元旦、春节等节假日更是照例要加班。每年除夕那天，领导一般要到基层走访慰问，我作为政研室主任自然要陪同。通常，领导和坚守一线工作的同志吃过饺子之后就回家了，而我的工作这时才开始。第二天报纸、电视上出现的新闻需要我在第一时间审读，等这些工作都结束，一般是晚上近 11 点了。过年这几天也不消停，领导一般要在节后上班第一天开个“收心会”，春节假期正好起草这类会议讲话，所以我们的假期基本上都要奉献出来。

如果说前面谈的只是“累”的话，“起草界”还有许多不为外人所知的“苦”。

一是苦了家庭。由于常年加班，加之随时有可能接受新任务，正常的家庭生活往往被打乱。20 年前的一个周末，我正难得地和家人逛街，突然手机响了起来，让我马上去省里开会领任务。当时放下电话，只是跟家人匆匆说了一句，立即叫上司机直接出差，当天从省里赶回来后又立即组织人连夜加班。还有一次，一位同事家中老人生病，要开车赶回老家，但就在这时来了紧急任务。我不得不在电话中不近人情地说："立即赶回来，我晚上 10 点在办公室等你!"害得这位同事走到半途又赶回单位加班。

二是苦了同其他部门和同志的关系。文字工作经常会向相关部门紧急要材料，弄得这些部门多有抱怨。而且，因为平时工作高度紧张，与其他同志聊天交流的机会较少，长此以往会给人一种不近人情的印象。再者，由于文字工作本身很锻炼人，因此做这个工作的同志提拔得相对较快，这也会让一些工作在其他岗位上的老同志啧有烦言。

三是苦了自己的心情。文字工作没有最好，只有更好。而且，不同领导的风格不同，同一位领导不同心境下对材料的要求也不同，所以，把写出来的稿子往领导手中送的时候经常是忐忑不安。有时赶上领导心烦气躁，少不得劈头盖脸地一通批评，有些批评明显是没有道理的，即便如此你也要先认错。那种经年累月把心提到嗓子眼儿的滋味儿，谁经历谁知道。

四是苦了自己的身体。这一条就不用多说了。"起草界"人士的老话叫："喝浓茶，尿黄尿，费灯泡。"每天加班拼的就是体力。我的一位老领导曾经谆谆告诫我，在这个岗位上最多干 7 年。我当时反问他："你干了多少年?"他说："我干了 14 年，所以把身体干坏了!"谁承想，我竟然干了 27 年，结果弄出一身病来，直到今天离了安眠药都无法入睡。

从万能讲话稿说起

机关的公文都有自身的路数。一般的请示报告、来往公函等等，大家都比较熟悉，这里不用重复。从机关的各种文章来说，自由度比较大的当属领导讲话，“起草界”诸公耗费脑细胞最多的也是这类文章。

这类文章有没有套路呢？当然是有的，这里其实在某种程度上也是一个“八股”。“八股”这种文风要不要反？当然要反。但反对“八股”也不能一股脑儿地把讲话稿的基本路数全然抛弃。对“八股”的态度，我的观点是，既不要拘泥于“八股”，也不要小瞧“八股”。直到今天，如果我们有机会研究一下“八股”文章，会发现其中有不少可取之处。

讲话稿的“八股”是什么样的呢？今天我就以“机关工作人员上班要打领带”为题，戏作一篇机关的“万能讲话稿”（下面为讲话稿正文，其中括号里的文字为我作的注释）。你可能会觉得这是个笑话，但是请你认真看一下我作的注释，也许会觉得这种“八股”多少是有一些道理的。

标题：在机关打领带工作会议上的讲话

日期：××××年××月××日

正文：同志们：今天我们在这里召开全市机关打领带工作会议。这是市委决定召开的一次重要的会议。（先点明会议主题和会议的重要程度。）刚才，××同志围绕落实市委《关于在党政机关中严肃工作纪律　做好打领带工作的意见》作了一个很好的报告，市“领带办”和有关部门分别作了表态发言。大家讲得都很好，我听了以后很受启发。希望各级各部门都能按照市委的有关部署要求和××同志的讲话精神，认真负责地抓好这项工作。（一般而言，一个会议会配套出台一个或一系列文件。一个像样的会议，一般要开上半天，主要程序是一个领导宣读或传达有关文件精神，再找几个单位的主要负责同志分别作表态发言或典型发言，然后次要领导讲一讲具体的工作落实意见，之后主要领导讲话，最后主持人再就学习贯彻主要领导讲话精神呼吁几句，随即散会。）下面，我再强调几点：

第一，要进一步提高认识，充分认识抓好打领带工作的重要性。（一般的讲话套路，第一部分一定要谈认识，强调工作的重要性、必要性和紧迫性。这里其实反映的是一种领导方法，即从思想认识入手开展工作，有利于最大限度地引起重视，从而调动起工作的主动性和自觉性。）

近几年来，特别是最近以来，市委、市政府反复强调做好机关干部打领带工作，这主要是基于以下几点考虑。一是做好打领带工作是抓机关工作作风和工作纪律的重要抓手。这项工作看起来微不足道，但折射出我们的作风和形象，而作风的好坏直接关系到我们能否更好地为基层和群众服务。因此，必须站在政治和全局的高度，从思想上切实重视起来。（开门见山，要先把工作的认识高度提上去。其实不管什么工作，上挂下连都能和政治全局联系在一起。这样讲一般是不会出错的。）二是做好打领带工作是我们营造良好的发展环境，进一步吸引投资、促进发展的需要。（把需要强调的工作往中心工作上联系，这样讲显得有的放矢。）三是从目前的情况看，这项工作还存在不少问题。（针对问题入手谈认识，会使讲话更实。）比如，各单位工作进展还不平衡。（这其实是一个万能问题，因为任何工作都不可能平衡发展，如果真是平衡发展了，则可以说“工作太平，重点还不够突出”。这样看来，这个万能问题可以说是放之四海而皆准的。）又如，有些单位的同志特别是个别领导同志思想认识还不到位，存在“说起来重要，做起来次要，忙起来不要”的现象。（这个问题同样是一个万能问题，“说起来、做起来、忙起来”之类的现象是永远存在的问题。同样地，因为认识永无止境，所以从来没有完全到位的时候。）

第二，要进一步强化措施，高质量做好打领带各项工作。（一般讲话的第二部分重点进行工作部署，如果一个会上有两个领导讲话，那么次要领导讲具体工作，主要领导从宏观上进行部署。）

关于全市打领带工作的具体任务，《意见》和××同志的讲话都已经讲得非常清楚了。在座的都是各单位主要负责同志，我在这里主要讲三点：一是切实加强对广大干部特别是基层干部的思想教育，让全体干部都能把打领带作为一项自觉行动。（这里强调的对象是领导干部，领导干部都负有加强领导、教育本部门干部的责任，这是个万能的要求。）二是注意研究打领带的方法和原则。总的要求是“松而不散，紧而不勒”，同时注意将严肃性与时尚性有机地统一起来。（这一段也是万能的讲法，需要活学活用。看上去是很具体地讲方法，其实什么也没说。“松而不散，紧而不勒”其实是把可能出现的两种问题都堵住了，不管是因为“松”出了问题，还是因为“紧”出了问题，领导把话都讲到了，发生问题就一定是下级领会得不到位，板子肯定打不到领导身上。“严肃性与时尚性有机统一”也是如此，这里根本就没有一个具体的尺度。）三是要结合实际抓好建章立制。（这基本上也是一种万能的讲法，每一项工作都需要建章立制，即使是已有制度，也还存在着不断完善的过程。）

第三，要切实加强组织领导，确保打领带工作各项任务真正落到实处。（作为主要领导，在讲话的最后一定要强调加强领导，给各部门加压。这也是一种工作方法。）

一是领导要率先垂范，带头打好领带，发挥表率作用。（这还是正确的废话，放在哪篇讲话稿中都适用，但也都好用。）二是主管部门要加强统筹协调，“打领带工作领导小组”及其办公室要切实发挥作用，经常深入基层开展调查研究，定期会商解决问题。（很多时候，我们抓一项重点工作都习惯性地成立专班或领导小组，下设办公室。在领导的讲话中要为专班和办公室撑腰，这种提要求其实也是撑腰的一种方式。）三是要抓好督查，发现问题及时整改，并对相关人员严肃问责。（抓落实的一个重要手段就是督查问责，这也是常规的工作套路。有没有用？有用，但问题不少。）

同志们，做好打领带工作，意义重大，使命光荣，让我们……咬定青山，真抓实干，为……作出新的更大的贡献！（提高声调，放慢语速，环视会场，鼓掌。)

我就讲这些，谢谢！(欠身鞠躬。)

这篇“万能讲话稿”看上去似乎是个笑话，但换个角度看，我们作为领导讲话的撰稿人，其实一项很重要的任务是为领导在语言上做形象包装。我们的服务对象是领导，首先要确保领导的讲话不出毛病，让人挑不出硬伤，同时把各种可能出现的问题都在讲话里设法推出去，这样才能确保达到为领导进行文字服务的底线。只有达到这一底线之后，才能更多地发挥自己的聪明才智，在“不出错”的前提下，尽量做到“多出彩”。

从大处入手

刚开始从事文字工作的人，最容易犯的毛病就是一接到任务就立马收集素材，然后迅速闷着头开始写。有时往往是各种素材被堆在了一起，粗看起来是长长的一篇文章，但仔细一看却完全是材料的堆砌。

造成这种情况最主要的原因是接到任务后没有沉下心来深入思考。有的同志会说："我认真思考了，否则怎么可能有针对性地收集素材，并将其整理成文呢？"话说得不错，但我要强调的是，这种思考的方式有问题。问题主要出在思考如何写文章的时候犯了一个大忌，就是没有从大往小去思考。

写文章讲究先打腹稿，这个打腹稿的过程就是思考的过程。在这一过程中首先要注意的是不要一开始就被细枝末节纠缠住，而忽略了文章的整体框架。我有位同事是典型的直脑筋、急脾气，给他一项任务，他就开始跑到资料室查资料、翻报纸，很快就抄回来一大堆东西，然后分秒必争地在电脑上打字。我有时会忍不住善意地提醒他："文章的思路清楚了吗？"他头也不抬地说："放心吧，没问题！"不到一天的工夫，他就把自己负责的那一部分写好交给了我。我一看，这文章真是应了《出师表》里的最后四个字——不知所言！其实，我在给他布置任务时，已经交代了他负责的部分要写哪些内容，不知道他是没有听还是没有听进去，反正我的交代算是白说了。

从这位同事常犯的毛病中，我记取了一条经验，那就是每次在布置工作时务必要把任务说透，让同事们既知其然，更知其所以然。于是，我在以后讲一篇文稿的提纲时反复强调，接到任务后一定要先从大处考虑，不要急于琢磨细节的表述。我在布置工作时也是先说大框架，并且一定要讲明为什么确立这样一个大框架，让每个只负责写其中一部分的人务必对通篇文章的思路了然于胸。然后开始说每一部分的大标题，在大标题下，继续口述二级标题，最后描述二级标题下的主要内容。为了让每位同志不至于把文章写偏，我一般还会在口述主要内容时着重强调一下每一段需要把握的主题词。这样一来，每个人在写自己负责的那一部分时都能按照事先确定的思路有条不紊地展开，同时又能胸怀全局，时时照应文章其他部分，避免离题或重复。

这样的口述示范最大的好处，就是引导每一位同志都养成打腹稿时很好的思维习惯，即考虑文章的谋篇布局时从大向小逐渐递进，而不是一开始就一头扎到具体文字表述和修辞中去。其实，所有的文章都应该如此，在思考如何起草的时候，务必先在头脑中搭起一个大的框架，然后再考虑二级标题和里面相应内容的主题词，在写出初稿后再进行细致打磨。这就好比做一个组合式的柜子，我们先把柜子的框架做好，然后明确每一个模块或抽屉应当装到什么位置，最后才制作一个个抽屉，至于装饰性的工作，那一定是放在最后进行的。

短些，再短些

做过机关文字工作的人都知道一点，那就是写长文章容易，写短稿子难。

我过去和领导讨价还价最多的事情之一，便是争稿子的短长。记得我曾经不止一次地跟市委书记请求：“这篇讲话准备两万字吧？”书记断然否定：“不行，必须一万五千字。”然后我就再试探性地提出：“一万七千字可以吧？”有时把书记磨烦了，少不了要挨上一顿批。

印象中，为写短稿子把浑身解数都使出来的有这么两件事，足以让我记忆一辈子。

一次是上级首长要来视察，我负责准备汇报材料。当时上级要求只能汇报十分钟。那次我带领几位同事，连续熬了几个通宵，几乎是写出一稿，自己一看长了，就直接废掉一稿。如此反复多次，最后在首长抵达的前一天，我战战兢兢地把稿子交给了书记。书记一看脸色大变，问道：“这么长的稿子十分钟能读完吗？”随后他又把副书记叫来一起审稿，副书记同样说稿子太长。我当时被逼得没有办法，只得对两位领导说：“你们掐着表，我读一遍，看看能不能行。”两位领导看我可怜，就让我读读看。我尽量按照播音的语速去读，两位领导拿着手表计时，最后用时九分四十五秒，算是勉强过关。但是书记仍不满意，说：“我怎么可能就按照你的速度读呢？回去再压缩！”于是，我立即拿着稿子回到办公室，和两位同事再一次逐字逐句地推敲压缩，直到首长来的当天才把稿子送到书记手上。那一次，书记少有地冲我发了火，连声责怪我就不会写个短稿子。

还有一次是书记要在一个下午参加两个活动，所以每个活动上的讲话都不能长，但同时讲话还不是应景的致辞，需要把要讲的内容说实讲透。这一下难度就大了，我照例跑去跟书记讨价还价，这次书记斩钉截铁地说，必须把讲话稿控制在四页纸之内。回到办公室后，我立即召集几位同事口述提纲，第二天我来统稿。到了第二天把稿子统起来一看有六页纸，这是无论如何也无法交差的。于是，我和一位同事留在办公室通宵压缩稿子。最后，我们重新确定了一个框架，然后重写，终于压缩到了四页零两行，这时让我把吃奶的劲儿都使出来也再压缩不下去了。没办法，我终于平生第一次用上了糊弄领导的办法，把稿子的行间距缩短，最后用四页纸把稿子打印出来交给了书记。书记拿着稿子满意地说：“你看，你们只要下功夫，还是能够写出短稿子来的。”当时我心里那个乐呀！

写短稿子难，难就难在素材太多，要说的话太多，必须要花大气力将已有的素材彻底吃透，然后换成另一种表达方式，以尽可能简洁的语言讲出来。这需要在文字岗位上通过反复实践进行长期积累。在这方面，我得益于自己从事文字工作后遇到的第一位处长。那是我到处里工作的第一天，处长交给我的第一项任务，是把市里某部门送给书记的一份 3000 多字的材料压缩成 150 字。那时还是 20 世纪 80 年代，我们用的稿纸都是一页 150 字的，所以用这种稿纸写稿子，字数一目了然。那天我费了九牛二虎之力，用了整整一下午时间，改了一稿又一稿，就是压缩不到 150 字。最后，老处长上手直接把原稿“大卸八块”，然后重新组合，很快就把文字压缩下来了。

从那时起，我才真正感受到文字功夫的厉害，也才在实践中慢慢学会了给文字“挤水分”的本事。给文字“挤水分”有两种办法，最简单但通常也最无效的办法是不动结构，只是单纯地砍掉其中的一些虚话、套话。另一种更为有效的办法是动结构，就是把原来的文字纯粹作为素材，自己先吃透，然后用自己的表述方式，以最简洁的话语再讲出来。这样改稿子的好处，一是会使文字压缩下来，二是能够确保整篇文章的风格保持一致。

当然，这些东西说起来轻巧，真正达到高手的境界，只能靠自己多摸索，勤动笔。

从“天下文章一大抄”起步

初入“起草界”的“菜鸟”，面对文稿起草任务，一个本能的反应是：找类似的文稿，然后东拼西凑地复制粘贴，直到凑够字数为止。是为典型的“天下文章一大抄”。

这种做法对不对？先说答案：对。所有的文章其实鲜有完全是原创的，机关的公文就更是如此。而且，由于机关的公文中普遍使用最新的政治化语言，往往上级的新提法一出现，下面立即闻风而动，一窝蜂地整出一大批类似的表述来，有时你想换个说法，说不定领导还不干，一定要你和上级在语言上保持一致。这样一来，想不抄都难。

所以，对“起草界”人士来说，“天下文章一大抄”是必要的，但与此同时不要忘了后面还有一句话，那就是“看你会抄不会抄”。

我曾经见过最拙劣的“抄”，印象深刻的有两件事。一件事是有个单位要召开行业会议，请市领导出席并讲话。会前把领导讲话稿送我审查，我一看这篇讲话稿一字不差地抄袭了上级讲话，更要命的是，在会议议程中还安排了传达上级讲话这一项，最后我不得不责令这个单位推迟会议时间，重新起草讲话稿。另一件事是有个部门要召开一个会议，会前送来领导讲话初稿，我一看甚是眼熟，再仔细一读，发现全文抄袭了我在几年前为书记起草的在另一个会上的讲话。当时我不禁笑出了声！

真正的“会抄”，应该包含如下几层含义。其一，要知道自己需要抄什么。换言之，要明了自己所起草文稿的主题、中心思想、框架结构和各部分之间的逻辑关系。这样一来，抄的时候就知道哪一部分需要抄什么东西了。其二，要知道去哪里抄。过去没有网络的时候，我们都是去资料室找报刊，然后做笔记。现在方便了，有了互联网，一下就能找到大量的文章。报刊和网络上的文章多如牛毛，有时查找资料很容易一进去就出不来，而且这种“出不来”有时还会带来“副作用”，那就是看着看着顺便看起了别的东西，结果工作变成了“摸鱼”。因此，要把功夫下在平时，有意识地关注哪些杂志、报纸、网站或公众号上的东西对自己有用，到了需要找东西抄的时候有目的地直接看这些东西。其三，要学会怎样“不动声色”地抄。所谓“不动声色”地抄，是指明明是抄的，但是让人丝毫看不出来是抄的。这才是真正的“会抄”。要做到这一点，最重要的是把需要抄的文章的观点化为己有，抛开要抄的原稿，用自己的话把它的观点重新组合说出来，这样一来就会“抄”得“天衣无缝”。

对“文字匠”而言，“抄”并不是忌讳，“会抄”甚至是一种基本功。但是在“天下文章一大抄”的背景下，这么多的“天下文章”要重点关注哪些呢？我个人推荐几个东西供参考：一是各种内参。其中有很多领导层面才能读到的东西，阅读内参能够促使我们思考问题的角度更接近于领导。二是行业内的专业报刊。三是《瞭望》周刊。这是我感觉自己受益最多的一本杂志，以至于我曾经要求我的同事们都看这本杂志。这本杂志里的很多调研报告和文章颇值得改头换面抄进我们起草的文稿中。四是《新华文摘》。它里面的文章都是经过了高层次专家筛选的，理论性和指导性都很强，不少观点值得我们参考。但要注意的是，这个刊物涉及的学科面太广，我们要先浏览目录，只找有参考价值的文章看。五是《半月谈》。这个刊物里的文章短小精悍，很有参考价值。六是《人民日报》和《光明日报》。看这类报纸主要不是看新闻，因为新闻稍一浏览就够了，对我们文稿起草帮助不大。重点要看的是评论员文章、理论文章和各地的经验介绍，这些都可以“化”为我们的文字。七是《凤凰周刊》。这个刊物中有一些生动的语言值得借鉴。八是“起草界”的一些同行自己搞的公众号。这类公众号往往会刻意搜集各种各样的机关公文，关注它们倒也不失为一种“抄”的捷径。

题好一半文

“起草界”的人士有一个共识，那就是文章的大小标题可以说是文章的“眼睛”。标题起好了，文章立马就立住了；标题起得平，文章势必黯然失色。

都知道，在机关工作久了，语言会失去灵性，动辄是“加强”“提高”“进一步”“努力”“抓好”等等。在这些词语的反复排列组合当中，标题往往跳不出这个语言圈子，于是那种令人昏昏欲睡的“八股”文风就这样不知不觉地出笼了。

要解决这个问题，一个很好的办法是，当你把文章的主题和结构都想清楚，素材也收集得差不多了之后，暂时放下手中的工作，看一会儿闲书，努力把自己从已有的思维定式中抽离出来，换个思路去想标题。

20 多年前，我们专门对养老金问题进行过一次调研。按照常规，调研报告的标题应该是比较直白的，如《关于养老金问题的调查》，或者与之相类似的题目。但这一次，我们换了一个思路，用了一种调查记者在新闻报道稿中才会用到的标题，给整篇调研报告取了这样一个题目：《“养命钱”不能这么花》。一下子把文章中要反映的问题非常鲜明地点了出来，使得整篇调研报告多了一个点睛之笔，迅速引起了领导的重视。

2003 年“非典”时期，北京的医院中血浆不够，消息传到青岛，广大市民立即排队为支援北京献血。当时，市领导要我们就这一情况写成一篇新闻通稿提供给各大媒体进行宣传。这种新闻稿的时间性非常强，因此领导给我们的时间只有 24 小时。早上九点钟接到任务后，我和一位年轻的同事立即行动起来，忙到下午五点多，终于把所需要的素材收集全了。接着我们两个人就开始研究文章的提纲和二级标题。最后，这位同事一定要我给整篇文章取一个立意较高的标题。于是，我在办公室里开始了苦思冥想。一连想了好几个标题，总是不满意。最后，我索性随手找了一本古诗集翻阅起来，翻着翻着忽然看到了曹植的《杂诗七首》，里面有两句让我一下子来了灵感。那两句诗是：“闲居非吾志，甘心赴国忧。”于是我立即叫来这位同事，告诉他说：标题有了，就叫“真情伸援手，赤心赴国忧”！然后我们用一个通宵写出了一篇新闻通稿。这个标题得到了领导的充分肯定，领导专门对我们作出批示予以表扬。

还有一次，领导安排我们撰写一篇关于创建文明城市的文章。我在组织这篇文章时，在第一部分中专门写出在文明城市创建活动中涌现出的一些感人事迹，然后告诉几位同事，这一部分的标题不要用原来确定的有点“官样文章”的标题，而是用一句歌词——“告诉你一个发现，你和我都会感动”。这样一个标题，立即使这篇文章的可读性大大增强，也让这一部分的内容得到了升华。

如何才能取一个好标题？这里面还真的没有多少窍门。如果一定要说有的话，那就是时刻保持对“题好一半文”的追求，在文章的腹稿基本打成之后，对标题精雕细琢，不厌其烦地进行否定再否定，和一个标题死磕到底。同时，要广泛涉猎，脑子里能够有足够多的素材用于联想，通过联想获取灵感。

不要掰开揉碎讲大道理

机关公文，特别是领导讲话稿不可避免地会讲一些“大道理”。很多刚入行的人总是不厌其烦地掰开揉碎，把那些“大道理”讲得细之又细，这样写出来的文章不免让人读起来昏昏欲睡。

我刚入行时，就犯过这类毛病。现在回忆起来，其实主要原因是脑子里的积累太少，那时有心想写点自认为能够“有说服力”的文字，于是就搜肠刮肚、东拼西凑地找上一大堆完全是“正确的废话”的“大道理”。而且，对于这些“大道理”，还自以为是地认为别人理解不了，就像给中小学生讲课一般，还要详细分析阐述，把简单的几句话一下子整到好几百字。

后来，随着我在文字岗位上逐渐地摸爬滚打，一点点地也懂得了这个道理。其实，我们写讲话稿或者文件要看对象，我们的读者或听众是党政机关的领导干部，他们的理解力和领悟力是相当高的，不少人理论水平也很高，根本就不需要我们来给他们上这种低级的课。更何况，相对于中央而言，我们这种城市实际上就是个大基层，基层干部更关注的是给他们布置哪些具体任务，告诉他们在执行中要注意什么问题，应当怎样把工作干好。换言之，他们要的是“干货”，而不是这些“灌了水”的“大道理”。

据我观察，愿意写这些“大道理”的，大约是这样两类人：一类是学历较高的人。总体上看，这些人由于对理论钻研得深，有时就难免犯一些“掉书袋”的毛病。另一类则主要是刚刚走上这一岗位的新人。这类人有不少是从其他岗位走进“起草界”的，由于肚子里的“存货”太少，于是只能用这些“灌了水”的话凑字数。

“大道理”要不要讲？当然要讲，但除非对一个问题在实践中确实存在认识偏差，一般而言，都是点到为止即可。

学会提炼概括

对“起草界”人士来说，学会提炼概括是最重要最重要的功夫，甚至极而言之，没有之一。

说到这里，圈外的人很可能嗤之以鼻，认为这都是你们这些“文字匠”自说自话的雕虫小技，没事就弄出个“三个必须”“四个一定”“五个加强”之类的废话套话，还把这种典型“八股”式的“杨梅大疮”说得“艳若桃花”。可是，只要你问问机关中的干部，特别是“起草界”的诸公，大约没有人不认同这一点：对工作提炼出“一二三四五”之类的说法是写材料的不二法门。

把头脑中的思路或实践中的做法用几个相同的词汇或排比的句式加以提炼概括，或者概括成一两句合辙押韵的句子，古今中外皆然。中国自古就有诸如“礼义廉耻，国之四维”的说法，在国画领域有“浓写花枝淡写梢，鳞皴老干墨微焦”的说法，等等。外国在这方面比中国有过之而无不及，如很多人知道的环保领域 3R 原则，即减量化（reducing）、再利用（reusing）和再循环（recycling）的简称。而且，外国比中国还多一种概括方式，即通过把一系列单词的首字母组成一个新词来进行概括。比如国外管理学理论中有一种说法叫团队精神（TEAM），其采用的就是这种概括方式，也就是将团结（together）、每个人（everyone）、成就（achieves）和更多（more）这四个要素加以强调，使之共同构成这一理论的核心。这些做法沿袭至今，在我们的各类文章中看到类似的概括层出不穷也就不足为奇了。

上述提炼和概括的方式，有的人不喜欢，说是“拼凑”，让人“记不住”。其实这些人恰恰说错了，这样的概括正是由于其朗朗上口，更容易被人记住，因此才在全世界大行其道。我们从小到大接受的教育当中也大量充斥着这样的东西，若不信，就请仔细回忆一下，九九乘法表是不是？“奇变偶不变，符号看象限”是不是？至于“五讲四美三热爱”等等，那就多了去了。

正是因为上述提炼和概括的方式让人容易记住，而且会使人觉得思路清晰，一下子把工作“串了起来”，所以在机关的各种公文中最容易出现。因此，对文字工作者来说，在起草各类材料时有意识地进行这样的提炼和概括，就成为一个必备的基本功了。

进行这样的提炼和概括需要注意以下问题：第一，要对工作思路和做法有一个清晰、全面的把握，避免概括不准确。第二，不要“为概括而概括”，让人一看就觉得是生拉硬拽的，那样反为不美。第三，这样的提炼和概括不宜用得过多过滥，一般而言，在一篇文章中出现一两处即可，多了就真的成了“套话连篇”了。第四，提炼和概括的数目字最好不要超过六个。因为提炼和概括的数目字太多，弄到“十个好”“十八个着力”，那可确实让人“记不住”，结果不但不会给人工作思路清晰、“纲举目张”的印象，反而会让人觉得思路零碎。一旦出现这类情况，最好再仔细想想，争取设法“合并同类项”，将数目字缩减。

用数字说话

起草公文特别是领导讲话稿的时候，要多从实处入手，这样的文章才能接地气。所谓把文章写实，就是要言之有物。做到这一点并不难，只要有心做调查研究，就能掌握大量有说服力的素材，文章就不会空洞。

所谓文章写“空”，主要表现在两个方面，一是缺少“事”，二是缺少“数”。要避免这种情况的发生，很重要的一条是，当你拿到基层或部门报上来的素材后，第一时间必须审查其中的关键数字是否缺失，如果缺失，一定要立即找部门要数字。这种凡事都要数字的意识要慢慢培养，最后形成一种近乎本能的习惯。我们在写文章的时候，不管是讲成绩还是找不足、谈差距，最终都要落实到数字上，这样才能让人觉得说话底气足，言之有据。

有了数字，还要学会怎么用。因为部门报上来的材料中有时数字很多，而且有各种各样的数字，这就需要我们学会区分，把关键的数字用在该用的地方。

运用数字要注意几个问题：第一，要核实数字的权威性。当部门提供的数字与统计局等权威部门提供的数字不一致时，必须以统计局的数字为准。但也要注意，有的时候统计局的数字并不是最权威的，而主管部门掌握的数字更准确。比如，海岸线的长度，海洋发展局拿出的数字就比统计局的更准确。

第二，在文章中使用数字进行比较的时候，务必核实口径，即必须是同口径比较。这是不少人容易忽视的问题。尤其是在对不同城市的发展进行比较时，很容易出现各地统计口径不同这种情形，如果硬要进行比较会令内行人看出破绽，最终难以服人。

第三，要在素材提供的众多数字中选取最切合文章内容、具有代表性和说服力的数字。比如，我们曾在一篇文章中讲我们市在全国的地位和对国家的贡献，这里没有单纯罗列我们市的生产总值总量、增速以及在全国同类城市中的排名，而是用了这样一组数字：我们以占全国×%的土地面积和×%的人口，创造出了占全国×%的经济总量。一下子就凸显出了我们市的地位和贡献。

第四，要设法挖掘具有独特性的数字。这里的“独特性”特指能够体现亮点。比如，我们介绍一个产业项目，一般的说法就是总投资是多少，产出是多少，等等。但有时为了体现项目的重要性，只讲一个抽象的投入产出数字并不能说明项目的价值，因此我们往往会在后面缀上这样一类表述：“该项目的规模（或者产出、技术水平等等）位居世界（或全国）第几位。”这样一来，读者对项目的认识立即会发生变化，从而留下深刻的印象。

典型，典型

前面说到，材料“空”主要表现有两个：一是缺少“事”，二是缺少“数”。这里着重说说掌握“事”的习惯。

文章中有了“事”，内容自然不会“空”。这里的“事”不是闲事、琐事，而是能够说明问题的典型性的“事”。我们过去一说典型，更多地理解为“典型人物”或“典型群体”，换言之，“典型”多半指的是“人”。其实，真正意义上的典型，其核心内容不是“人”，而是“人”做出来的“事”；更有一些典型，里面基本上不涉及“人”，就是单纯地讲“事”。而且，典型既有正面的，也有反面的。作为一名文字工作者，在写文章的时候一定不要忘记用好典型，以此来支撑自己的观点。

如同要有收集数字和使用数字的习惯一样，我们平时也要养成随时发现、收集和运用典型的习惯。

典型来自我们日常的积累。“起草界”的人士有个得天独厚的有利条件，那就是能够有机会看到领导平时看到的一部分材料，特别是高层次内部资料。这些报给领导的材料都是基层千挑万选收集起来的经验或教训，本身就是一个现成的“典型库”，其内容成色远高于普通媒体报道或者道听途说的东西。我过去的习惯是浏览报纸、细读内参。很多内参件特别是中央级媒体的内参件里反映的问题往往非常尖锐深刻，虽然多数说的是国内其他地方和国外的情况，但大多非常有参考价值，这其中有很多内容可以归为我所说的典型，稍加改造就可以灵活地运用到我们起草的文稿中去。除了内参件之外，公开发行的刊物中也有不少高质量的典型性报道，特别是我在前面推荐过的《瞭望》等报刊，都是值得“起草界”人士细读的材料。

掌握了典型的来源还不够，平时还要养成经常更新自己的“典型库”的习惯。我就曾要求我的同事们根据处室工作分工，各自分头联系几个综合部门，随时掌握它们报给市委的各类材料，一旦发现有新的典型事例立即摘录下来，同时将过去储备的典型中已经过时的东西及时剔除。我本人则重点看几份高层内参，并把其中有价值的文章阅后转给有关处室。这样一来，我们始终掌握着全市各方面最新的做法，以及国内外的动态，在起草文稿的时候大家通力合作，各自贡献出自己掌握的典型，使得拿出来的稿子尽可能做到“新”“实”“准”。

“起草界”的比拼其实与外人想象的不一样，根本不是比文采，而是比内容。内容是有骨有肉的，这其中的骨是文章的框架结构和核心观点，肉就是数字和典型。

别说外行话

“起草界”的人士不可能什么都懂。由于工作性质的原因，在起草文稿时不可避免地会涉及自己不懂得或不熟悉的领域。这时就要求我们必须做个聪明人。真正的聪明人是在正确的时候和正确的地方承认自己确实无知，那些自作聪明的人最后往往会被事实教育，被告知那种“聪明”才是真傻。我在过去的工作经历中就曾经遇到过这种自作聪明的人。

20多年前的一天，我要一位同事修改一篇市领导在全市计划生育工作会上要用的讲话稿。第二天，这位同事把他改过的稿子给了我，我在电脑上一看就急了，原来这哥们儿不知从哪里趸来一些素材，自以为是地加了上去。最要命的是，他找的那些素材有些和计生无关，更有些是和正文有矛盾的。与此同时，他还把计生委原稿上一些正确的东西给“改”成错误的了。比如，人口计生工作中有一个重要的指标叫作“总和生育率”，我这位同事望文生义地一见到有个“率”字，想都没想就在后面给人家加了一个百分号。

读着这篇稿子，我脑子里冒出来的第一个词是：“点金成铁”。当时我把他叫过来问：你知道什么是“总和生育率”吗？他怎么也说不清楚。于是我耐心地给他解释了一番什么叫“总和生育率”，并且开玩笑地说：“你给我生2%个人看看。”于是他默然了。

类似的例子我还遇到过不少。出现这种情况的原因，说得直白一些，就是起草者没有下功夫把要写的东西真正搞懂，说了外行话。

讲外行话是“起草界”的一大禁忌，出现这种现象于公于私都不利。于公而言，领导拿着你起草的通篇外行话的讲稿出去讲话，势必贻误工作，也有损领导形象。于私而言，这样的外行话出自我们的手中，兄弟部门和单位会怎样看我们?

要避免说外行话，唯一的办法是勤学。当年还没有互联网的时候，我就养成了手头常备工具书的习惯，有了互联网后可以随时上网查，更加便捷。不过，由于互联网上的东西良莠不齐，很多时候，我还是更信赖工具书。

当你拿到一篇部门起草的素材性文稿后，一定要在第一时间真正读懂它，然后再设法站到原稿的水平之上。这里需要强调三个关键词，即“第一时间”“真正”“读懂”，它们缺一不可。做不到怎么办?立即找书来看。我有一次起草一篇关于文化的稿子，为了能够让内行人听了不至于摇头，我在办公室里埋头用了一整天时间读完一位教授的专著，然后把他的观点“化用”在了我的稿子里。避免说外行话最简洁、也最有效的方法是，设法找这个领域的教科书，不用仔细研究，只要快速地通读一遍，有关专业的词汇和概念你就能掌握个八九不离十。有一次为了起草一篇有关城市规划的讲话稿，我专门利用一个周末找到一本城市规划学的课本来读，很快就壮着胆子和规划局的专家们对话了，尽管心里还很虚，但基本上不会冒出完全外行的话来了。

尊重部门意见

有的“文字匠”有个坏毛病，就是把部门起草的文稿弃之不用，自己另起炉灶。

我刚刚进入“起草界”的时候，对部门起草的文稿一般不敢动。过了一段时间以后，自己感觉了解了一些情况，于是就慢慢地变得胆子大了起来，对部门报上来的文稿也不时操刀“动大手术”了。到了后来，自己的心气越来越高，下面报上来的材料就越来越“不入法眼”，于是就不时把部门起草的稿子抛到一旁，按照自己的思路，另起炉灶，整出一篇“全新的”材料来。

可能是侥幸，或者是这种另起炉灶无伤大雅，我重新起草的稿子多数反响还不错。于是，这令我更加自我感觉良好。直到有一天，一位局长带着本单位的办公室主任直接找到我的领导兴师问罪来了。那时我还是个处长，当时的主任把我叫到他的办公室，当着那位局长的面把我一通批评，并且一个劲地给那位局长道歉，好歹才平息了这件事。

事后，主任非常严肃地召集我们全处人员开会，特别强调不准随便推翻部门起草的初稿。我当时心里还颇不服气。我们重新起草还不是为了稿子本身能更加出彩？谁不知道重写要比单纯理顺文字麻烦得多？怎么出力还不讨好了？直到后来有一次，我和主任加班后一起吃饭，在饭桌上他很认真地给我讲了一番道理，让我彻底想通了。

他说："一个部门报给市委的材料，往往是本部门反复研究过的，里面的工作内容和具体要求人家部门不比你更清楚？你自己心血来潮把人家千辛万苦研究的工作思路一下子全盘否定了，这会带来不良后果。你的稿子是要交给领导，以市里的文件或市领导讲话的方式再安排给部门去落实，而领导通常不会拿着你的稿子再和部门的意见进行对照，领导会默认你报给他的材料就是部门研究过的思路措施。你这么改，部门怎么落实？"一席话，说得我心服口服。

从那以后，对于部门上报的材料，我就多了一个注意事项，即充分尊重部门的意见，然后再根据我已经掌握的市委决策进行适度调整和修改，努力做到让领导满意，部门也能够接受。

再后来我做了领导，对我的同事们也提出了同样的要求。记得有一年，一位同事修改一篇市领导在全市共青团工作会议上的讲话稿时，犯了比我当年还恶劣的错误，他在当年市委确定的共青团工作的两个重点之外，又另外写出了两个重点。多亏当年的市委工作要点是我直接起草的，我对市委的工作要求比较熟悉，一下子发现了这个问题。记得那天，我也像当年老主任那样，把这位同事叫到办公室，连声责怪说："谁给你的权力让你随便给部门增加工作任务的？"他小声分辩道："我觉得他们还应当做好这些工作。"我大声喝道："你觉得？你是市委吗?!”

多年的经验告诉我，“起草界”各位同人务必不要忘记自己的角色。我们不是决策者，我们的职责是“以文辅政”，而不是越俎代庖，直接站到部门头上指手画脚。

不可完全由着部门意见

我们要尊重部门意见，但这里有个度。有的时候，不能完全由着部门意见，被部门牵着鼻子走。

“起草界”的同人基本都懂得一个道理，那就是除非特别重要，没有哪个领导愿意在文字上下功夫，往往就把稿子交给“文字匠”，让其看着办。所以写稿子这个活儿是个纯粹的良心活儿，反正东西报上去自然会有人把关。我就曾经听说一个部门的领导对这个部门的秘书们在背后议论我说：“你们好赖写写就行了，到时候交到政研室，反正有他在，他不敢糊弄书记！”这话后来传到我耳朵里，把我气得半死！

在这种情况下，我在对待部门的文稿时，就会多一个心眼儿，那就是别让部门的同行们把我给坑了。

其实，在很多时候，一个部门如果要召开本系统会议，邀请市领导出席并讲话，往往部门内的“文字匠”会把更多的精力花在为本部门领导准备的发言稿上，因为毕竟“县官不如现管”。至于给市领导准备的讲话稿，多半是在处室内部找个人随便写写，处长如果是个认真的人便看一下、改一遍，不认真的就直接送到部门分管副职的手上，而一个单位里干到局级还能亲自动笔的非常稀缺。于是，就这样击鼓传花一般，最后把这份可能连处长水平都达不到的稿子送到了我的手中。

曾经有一个部门，在距离其召开会议不到一个小时的时候，把其起草的书记讲话稿送给我，那个部门的领导满面春风地“请求”道：“秘书长帮我们把把关吧！”在这么短的时间里谁都知道稿子是根本来不及改的，所谓让我“把关”，说白了就是要把责任往我身上推。那一次我真生气了，直接把稿子推了出去，一个字也不看。并且，我明确地对那位领导说：“还剩下这么短的时间，我如果看一眼你的稿子，你就敢对书记说我看过了，有问题板子就都要打在我身上。所以，你还是直接送书记吧！”那位领导无奈，只得自己送到书记那里去。但会议结束后，书记找到我说，以后给他的稿子都要我看过才行。得，部门挖的坑我不想跳也得跳！

有一次，我实在气不过，要求部门提报的稿子都要一把手签字。不过事后证明，这还是秀才遇到兵。各部门根本不在乎你这个要求，你纵有千条妙计，我还是一定之规。等到稿子送来后，一把手的签字赫然在第一页上，然后往下一看，光是错别字就一大堆。别人是把我们这个弱势群体摸得透透的，就知道我们不敢糊弄领导。

遇到这样的情况，你就不能由着部门的意见走了。必须对所涉及部门的工作进行充分的研究，最好的方法是找出各级有关这个部门工作的相关文件和讲话来看，并让这个部门把自己部门领导的讲话稿也同时提供一份，对照着重新梳理提纲和素材，然后用最快的速度写出一稿来送给领导。同时，也把部门起草的原稿送领导，请领导再提出修改意见。然后再根据领导意见对稿子进行进一步的精加工。

还有一种情况是不能由着部门的意见走的，那就是部门在起草的领导讲话稿中夹带私货。这种“私货”主要是想通过领导讲话的方式为本部门要钱、要物、要机构、要编制。遇到这种情况，我们不管部门怎么软磨硬泡，宁可得罪人也要坚决将这部分内容删去。有一次有个部门负责人找到我说：“这个讲话最要紧的部分就是这一块，你要删了这一块这个讲话就没必要讲了。”我也半开玩笑地说：“老哥，我改稿子最需要删除的就是这一块，你要觉得这个讲话没必要讲了，直接跟书记说得了。”

这大概就是“文字匠”最后的一点倔强了。

“穿靴戴帽”与开门见山

“起草界”诸前辈的很多文章会教导你写文章不要“穿靴戴帽”，而要开门见山，注意自觉克服“八股”文风。这无疑是正确的。不过在我看来，很多这类文章本身也是“官样文章”，自觉不自觉地被“正能量”和“教诲体”束缚，往往说出来的都是无比正确的大话。其实，在实际工作中我们必须对这一现象有一个清醒的认识，那就是在现实中更多的时候，我们不得不给文章“穿靴戴帽”。

我在《从万能讲话稿说起》一文中，对“八股”文风存在的必要性讲了一番。比如，开头先讲一下工作的意义，谈一下有关认识问题，等等。这些开头的“帽子”实际上体现了我们工作的一种方法，那就是“思想是行动的先导”，因此一般而言是必不可少的。这是“戴帽”。“穿靴”也是如此，布置完工作后，总要叮嘱几句加强领导抓落实。这里同样体现了工作方法。实际上，如果我们留心看一下各级的讲话稿，没有这种“穿靴戴帽”的文稿少之又少。

有人可能会说：“照你这么说，写文章都应当‘穿靴戴帽’

了?”不是的，这里要注意把握好分寸。一般而言，在文章的总体结构上很难避免“穿靴戴帽”，但是一旦进入文章中的每个具体的部分一定要简明扼要，做到“开门见山”。很多经验不足的同行在工作中最容易犯的毛病之一是，写到每个小部分时仍然先讲认识，再谈工作，最后还要没话找话地扯上几句结尾话。这就不好了。其实，很多时候我们在写文章时甚至可以不必刻意追求每句话一定要有一个“上下句”。如果大家注意机关的公文，包括领导的讲话稿，经常会看到一句话就是一大段，给人感觉一句话就是布置一项工作任务。这里体现的就是“开门见山”，不说虚话。

在我起草过的文稿中，真正完全甩开“穿靴戴帽”的文章屈指可数。印象最深的是多年以前，我给领导起草一篇在市容环境整治动员会上的讲话。那个大会通过电视进行现场直播，书记在说完会议主题之后，开头的第一句就是：“下面，讲六个方面意见。”然后就从六个方面直接部署工作，什么大道理都没讲。会后，我在网上看到有网民感叹：“从来没有见过这样清新的文风!”足见平时我们看了多少四平八稳、“穿靴戴帽”的文章。

所以，对于“起草界”的同行，我想给的建议是：想明白写文章为什么要“穿靴戴帽”，然后再考虑在什么场合和条件下可以适当减少“靴”和“帽”的分量，甚至抛掉“靴”“帽”。在这些问题没有想清楚，或者场合和条件要求必须“穿靴戴帽”时，也不要为了片面追求“清新的文风”而标新立异。但是，同时必须要注意的是，同样的“靴”“帽”不能反复穿戴，在正文的内容中还是要尽可能地开门见山，绝不可“包子皮太厚，一口吃不到馅”。

“穿靴戴帽”的另一个变种就是在文章中讲道理时说车轱辘话，这是很多“文字匠”容易犯的毛病。这种情况最容易出现的场合是一篇大稿子要几个人通力合作完成，每个人只负责其中的一两个部分。在这种情况下，有不少人把自己负责的那一部分等同于整篇文章，在自己负责的那一部分中也要写得有头有尾。本来，这部分直截了当用最短的话语把要说的事讲明白即可，可是有的人为了照顾自己这部分的“完整性”，结果也要把这一部分硬生生加上“头”和“尾”。在讲具体工作的时候也是先谈一遍认识，好像没有这几句话就直接说工作就如同女孩儿没化妆就出门见人一般。工作都说完了，好像不再咳嗽两句就如同吃完饺子不喝汤一样，总是欠着一口。但是在这一部分又不能写加强领导，于是就把认识重新说一遍。通常的句式是这样的：“众所周知，××工作非常重要，做好这项工作有利于……工作中重点要抓好以下几点……只有做好了这项工作，才能更好地……”这是典型的“三段论”。这个“三段论”中的第三段，即“只有……才能……”是典型地把前面说的“有利于……”的话改头换面又说了一遍。且不说在这一部分中有没有必要再扯什么“做好这项工作有利于……”这样的“道理”，单说后面这个“只有……才能……”就是彻头彻尾的废话。我每次给同事改稿子遇到这种情况时，都是一字不留地全部删除。

不过，这个文字习惯改起来相当难，我的同事们都是被我反复敲打甚至冷嘲热讽而不自知。我曾经反复设身处地地考虑，他们大概是担心没头没尾地直接围绕如何落实工作说一段会缺少文章中常见的起承转合，显得别扭。直到今天，我仍然在一些文章中不时发现这个毛病，足见这应当算是一个比较普遍的情况。

慎用时髦概念和词汇

有的人特别是“有点学问”的年轻人写东西，经常跟在一些时髦文章的后面走，整出一些云遮雾罩的新名词、新概念，让人看得如堕五里雾中，这是文稿写作的一个大忌。

机关里最时髦的书是哪方面的？答案是“管理学”。但一个问题是，这些“管理学”的书基本上是其作者罗列一些案例加寓言，然后自己造出一种“理论”，再套用哲学、经济学、会计学、社会学、心理学等的一些现成理论，弄出一大堆“效应”来，即所谓“管理学理论丛林”。这片“管理学理论丛林”中也是良莠不齐，好多“理论”寿命相当短，才发明出来不久就被其他新“理论”取代了。

由于在党政机关中不少人对管理学趋之若鹜，市面上每每出现一本这方面的书，立即就有一批拥趸。这样一来，不少好赶时髦的“文字匠”就会不加选择地将这些书里打着各种“效应”旗号的“半吊子理论”当成小孩子的新玩具，爱不释手地加以应用。

由于这些“理论”中存在着大量其提出者自造的“新概念”，

如果将其贸然用到领导讲话或公文中，很容易让听众弄不明白，甚至会觉得领导也是个“赶时髦”的夸夸其谈者，从而影响领导的公众形象。

领导讲话是口语化的书面语言。这种“口语化”，要求我们在起草文稿时注意说平实的、公众都能听懂的话。我曾经改过一篇文稿，其中提到城市运行的“湍流理论”，当时把我看得不知所云。一开始我以为讲的是大气环流之类的自然科学问题，后来才稍微看明白一点，好像说的是关于城市治理或者城市规划的社会科学问题，但具体概念为何，我至今都没找到出处，也没整明白是什么意思。我和同事们戏称，这篇文稿的作者应该在这个概念旁边画个嘴，读者不明白时点击一下，由这张嘴来解释解释。

现在这种情况仍不少见，而且很多网络语言也进入了领导讲话中。我是非常不主张领导讲话中使用网络语言的。因为网络语言迭代速度太快，等到身为中老年人的领导干部学会这句时髦的网络语言，以为这样可以拉近和年轻人的距离的时候，殊不知这句话早就过时了，让年轻人看来领导干部这样做纯属“老黄瓜刷绿漆”，在他们面前自作多情。

想清楚讲话稿的服务对象

讲话稿的服务对象，是而且只能是领导。把这一点想明白，就必须学会站在领导的角度思考问题，说出领导应当说出的话，而不能由着自己的性子直抒胸臆。我曾经服务过很多位领导，其中有四位还成为党和国家领导人。应当说，这些领导每个人对讲话的要求都不一样。有的人喜欢讲大道理，有的人喜欢讲具体的事例和故事；有的人对语言的要求严肃到“不苟言笑”，有的人则喜欢加上一点嬉笑怒骂。所以，我们这些服务领导的文字工作者必须适应领导的风格，而不能幻想让领导适应我们。

我有一位同事是中文系的才子，彼时他和我一样刚刚跻身“文字匠”的行列，还多少有着“指点江山，激扬文字”的豪气。有一次他看了我写的稿子，满脸不屑地说：“这篇文章没有文气!”我不是学中文的，对这“文气”二字也不明就里。不过后来的事实是，我这篇“没有文气”的文章最后被领导采用，而他写的东西多半被毙掉了。

后来我想明白了，我们写的文稿不是自说自话的孤芳自赏，关键是要有服务意识，要让服务对象满意。我写的东西可能“文气”不足，但语言平实，符合那位领导的身份和口气，这就足够了。

为领导做文字秘书，必须学会“琢磨领导”，仔细体会领导的思路、爱好、知识背景、语言风格以及情绪变化。一般在网上和各种文秘类刊物上都会不时刊登一些老秘书的心得体会，少不了说要站在领导的角度考虑问题。其实，这里说的也是这个意思。不过我说的“琢磨领导”似乎比单纯“站在领导的角度考虑问题”的面更宽一些，因为后者其实更多的是把思路提高到领导的层次，而我在这篇文章中说的没有那么宏观，更多的是一些微观的语言细节。

如何“琢磨领导”呢？最好的办法是别怕疲劳，尽量跟着领导出席各种活动。这一点对文字秘书来说不太容易做到。这里有两个原因，一个是客观原因，很多文字秘书就是在工作安排上不让跟着领导活动，只能在幕后服务。在我担任处长以下职位时就是这种情况，往往是我的主任跟着书记活动，而我只能从主任那里得到书记的二手信息。另一个是主观原因，就是因为文字秘书加班太多了，有时晚上熬夜后，白天实在不想再陪着领导活动了。这种情况在我担任政研室副主任和主任后经常发生，特别是连续加班几天几夜后，自己会找借口跟书记请假，白天在办公室里休息一下。

跟着领导出席活动时，“琢磨领导”的最佳时机是在陪着领导一起乘车的路上。这个时候往往是领导最放松的时候，他会和你说一些闲话，这里面绝少“官话”，会有大量真情实感的流露。作为文字秘书，务必要在这一瞬间抓住领导随口说出的那些想法。正因为如此，我养成了一个非常重要的习惯，就是随身带着一个很小的笔记本。一般情况下，在陪同领导出席活动时，领导在车里随口说的一些看法，我都会记在脑子里，然后趁领导不注意，用最快的速度把领导谈话的几个关键词记在本子上。活动结束后，立即整理到自己的正式工作笔记本上，这样一来便能时刻把握领导最新的想法。在此基础上，再结合领导在一些正式场合的表态等，自己回头反复琢磨，自然会有独到的心得。

“琢磨领导”还有很重要的一条，那就是学会“察言观色”，让自己“敏感”起来。“敏感”是一项重要的能力，有的人天生不具备，但一旦你成为“文字匠”特别是领着一群“文字匠”工作的“领班文字匠”，则必须强迫自己学习和养成这种能力。通过“察言观色”，发现领导讲话时的“弦外之音”，便于我们在后面更好地提供服务。所以，即使领导用了我们撰写的讲话稿，我也一定要安排人到会议现场去听，主要目的就在于此。

作为文字秘书，想清楚为谁服务之后，才能有意识地提升自己。当你开始认真地“琢磨领导”的时候，你就会对自己原来储备的知识和经验重新进行检视，从而有意识地学习领导所关注的重点问题的相关知识。这样一来，如果再有机会和领导在车上闲聊，就能和领导有共同的话题，从而更好地和领导形成良性互动，最终使得我们起草的文稿真正做到让领导满意。

扮演领导的角色

讲话撰稿人是领导的形象设计师。因此，我们这些“文字匠”在很多时候是要在头脑中通过想象对领导的形象进行设计。

我在担任领导讲话撰稿人的过程中，为了更好地站在领导角度考虑问题，曾经有意识地尝试在头脑中“扮演”领导，努力让自己“入戏”。说起来，我想出这个方法还是受到北京人艺著名导演焦菊隐启发，焦菊隐发明过一个很重要的理论——“心象说”。其实主要宗旨就是，想要演好角色就要先将自己“变成”剧中人，这就需要演员深度体验生活，抹掉身上那股刻意模仿的痕迹，完全将自己变成剧中人。

我在工作中设法把“心象说”化为己用。于是，我在为领导提供文字服务的时候就多了一个心眼儿，特别是在服务一位新领导之前，我会非常认真地“做功课”，就如同焦菊隐让人艺的演员们都要写出人物小传一样，我也会设法在心里为我即将服务的领导勾勒出一个“人物小传”。换言之，我会尽可能详细地收集有关这位领导学习和工作经历的资料，同时收集他过去的讲话资料，特别是录音整理稿、有关文章及采访报道等等。等到正式为新领导服务后，我会注意在与他的沟通中进一步了解他的性格特点和话语风格。最后，在心中不断充实和完善领导的“人物小传”，当为领导起草讲话稿尤其是有着个人风格的讲话稿时，我会努力像一名演员“变成剧中人”一样，令自己在那一瞬间“入戏”。

一旦令自己“入戏”，你会有一种非常奇妙的感觉，那就是恍惚间你写的不是讲话稿，而是“剧本”！很多的话，特别是一些个性鲜明的话似乎可以不假思索，从头脑中自然而然地“流淌”出来。一点不夸张地说，到了这个时候，我感觉自己真的成了名副其实的领导形象设计师。

摆正讲话者的位置

领导在讲话时应当考虑的问题，我们作为讲话撰稿人都应当考虑。那么，领导在讲话时首先要考虑的问题是什么呢？我想，首先要考虑的是摆正自己的位置。

我们服务的领导对下级而言是领导，对上级而言是属下，对平级而言是同侪。在班子中，他可能是“班长”，也可能是分管某一方面的副职。很多时候，我们的服务对象这几个角色兼而有之，那么，我们在为领导准备各种文字材料时，首先要替领导想明白，他在讲话的时候是以怎样的身份，在出席会议时处于什么样的位置。

我在实际工作中遇到过不少讲话稿，其中有相当一部分在这方面是存在问题的。我自己也犯过这类毛病。

有一年，我为书记起草一篇活动上的讲话稿，就曾经犯过这样的错误。那次也巧了，这个活动还有市里的副职出席并讲话。然而，两篇讲话稿的起草者事先没有进行任何沟通。那次我在给书记起草讲话稿的时候，感觉有好多事情要说，结果就展开说得很细。巧的是，出席会议的副职的讲话稿却只谈大思路，基本上没有涉及具体工作。这样一来，书记和副职在讲话时的身份彻底调了个个儿，本来应当是一把手讲大思路和原则，副职部署具体工作，结果变成了副职讲宏观，书记讲具体，如果不看署名的话，让人以为副职是一把手，而一把手成了副职。会议结束后，一位过去的同行对我说：这个会开得太滑稽了，书记干了副职的活儿，副职抢了书记的话。

通过诸如此类的教训，慢慢地我悟出来了一个道理，那就是不管给领导准备什么讲话稿或发言材料，一定要先弄清楚领导是以什么身份讲话，同时讲话和发言的还有谁。如果有可能，尽量找到与领导同时讲话或发言的其他领导的讲话稿看一下，防止领导在讲话时不符合自己的身份角色，讲“少”了或者讲“过”了。

对合适的人讲合适的话

作为领导，在讲话时应当考虑的一个重要问题是，要对合适的人讲合适的话。

一般而言，刚入行的年轻人极少考虑到这一层，上级也不要求他们考虑到。考虑这一层的，主要是主持文稿起草的负责人。

“对合适的人讲合适的话”包含几层含义。第一层，就是要考虑会议的主要听众是谁。这一条最简单。比如主要听众是街道干部或者普通群众，那么讲话就一定要追求通俗易懂，不要过多地讲大道理和大形势。对于普通干部，一般也不要讲太多的道理，而是直截了当地告诉他们应当干什么、怎么干、干到什么程度等等。

到了第二个层次就开始有点意思了。思考到这个层次时，作为领导要考虑的不仅是台下的听众，而且同时要考虑台上其他领导的感受和反应，特别是对某项工作提出表扬或批评的时候，必须考虑到分管这项工作的班子成员的感受，有时要进行适当的平衡照顾。记得有一年我给书记准备的全年工作总结，把方方面面表扬了一遍，可没想到的是，书记在讲的时候是挑着念的，最后有几个部门的工作没有提到。会议刚一结束，就有分管领导对我说："秘书长啊，我们辛辛苦苦干了一年，到头来连句话都没有啊!"弄得我百口莫辩。

第三个层次其实很多领导考虑得也不太多，但是一名好的"文字匠"，有必要在这方面替领导多考虑一下。那就是，会场之外的人听了这个讲话会有什么反应。换句话说，就是我们希望这个讲话传出去后会有什么反应。很多会议上的讲话或者通过传达，或者通过报道，或者通过口耳相传，多多少少会让与会人员之外的人知道。有的讲话，特别是领导的一些比较尖锐的批评，更是容易被传出去，从而给被批评的地方或单位带来压力。还有一种情况是，一个讲话被口耳相传，最后传到上级领导或上级部门那里去，同样可能带来正面或负面的影响。有的时候，一篇讲话稿还要特意追求那种"把话传到上级耳朵里去"的效果。十几年前我为书记准备的一篇常规性讲话稿中提出了"政治生态"这个概念，当时全国还没有人提出这个提法。书记对此也吃不准，把我在讲话稿中对这个提法的解释和后续展开的要求全部删除，只保留了这四个字。又过了两年，我再一次以"政治生态"为题专门为领导起草了一篇讲话稿，它被领导在会上采用了。关于会议的新闻见报后，很快就传到了上级那里，紧接着中央有关部门就找到我们把这篇讲话稿要走了。

作为文稿起草的负责人，一定要在确定写作提纲时就把这些因素都考虑到，务必在第一时间就某些敏感的问题请示领导，并且明确地向领导提醒，我们准备怎样写，这样写出来后可能会在听众中产生怎样的反响，甚至这些话是否有可能传到上级那里，一旦传到上级那里又可能会有什么结果，最后请领导定夺。

先立个“靶子”

机关里的文字工作者要通过加强与领导的沟通，更好地把握领导思路，从而确保起草的文稿能够符合领导的要求。要加强与领导的沟通，除了我在前面提到的创造机会与领导当面交流之外，还有一点非常值得注意，那就是交流之前要事先做好功课，防止与领导交流时自己头脑中一片空白。

以我的经验，要想和领导进行有效的交流，一定不能打无准备之仗，最好的办法是就你对文稿的基本设想先写下一个提纲，然后和领导当面讨论。因为多数时候领导很忙，他只会跟你交代一项任务，具体要写什么他其实根本来不及细想，所以在他的头脑中文稿的思路并不十分清晰。

在这种情况下，作为领导的文字助手，我们要做的工作首先是把领导布置的任务进行第一步具体化。这种具体化的成果就是列出一个提纲来。对于这种提纲，起码的要求：首先是列出文章的一级标题。但要注意，那种“万能讲话稿”的标题根本不用动脑子，列出这样的标题相当于什么活儿都没干，在领导面前是无法沟通的。我所谓的一级标题应当是有一定提炼和概括的标题，在此基础上，最重要的是要列出二级标题，即说明每一大部分中都具体包含哪些内容。如果有条件能列出三级标题最好，没有也不要紧。

上面说的是起码的要求。在我的工作实践中，我经常会在领导面前拿出两个提纲来供领导进行比对参考。这样做的好处是可以更好地引起领导的注意，“逼着”领导跟着我的工作节奏进行思考，从而设法从领导的头脑中“挤出”我们想要的“干货”来。

这种用文章提纲倒逼领导在交流中不断深化思考的方法，我们形象地称为“立个靶子”。这个“靶子”不论好坏，总会勾出领导的思想来，即使领导说“不行”，那也可以促使领导在与我们不断交流的过程中慢慢说出怎么才能“行”。这样，我们交流的目的就达到了。

好稿子不是写出来的，而是改出来的。与领导的交流也不是一轮就能完成的。因此，“立靶子”也有个不断更新的过程。一般而言，我们起草形成的初稿仍然是一个“靶子”，只不过是一个新的“靶子”。这个“靶子”同样要让领导审看进而提出修改意见。

对初稿这个“靶子”一定不能掉以轻心，必须用最快的速度，使出百分之百的力量来写。因为这个“靶子”有很多不确定性。如果时间紧的话，领导就有可能不再改，而是直接采用。所以我经常和我的同事们说的一句话是：“抓紧拿出初稿来，手中有粮心中不慌。”一旦领导催着要，必须保证立即可以送到领导手上。

如果领导的时间相对比较宽裕，他就会以这个初稿做“靶子”再提修改意见，接着我们就要一次次不断完善，稿子就是这样打磨出来的。重要的文件起草更是如此，初稿就是个“靶子”，供各相关部门提出修改意见，然后反复商讨修改。往往一篇文稿的最终稿和初稿有非常大的差异，修改稿件的过程就是集思广益、统一思想的过程，而在这一过程中，最初的“靶子”是必不可少的。

没有“靶子”行不行？多半不行。因为如果没有“靶子”就和领导及相关部门进行讨论，各方会七嘴八舌地提出一大堆原则性意见，而且这些意见极难聚焦，讨论会往往变成“扯皮会”，效率低下并且对工作帮助不大。更有甚者，会把你的思路搞乱，到那时你再想把思路条理化会很难，因为你受到了这些先入为主的混乱意见的左右。

所以，在接到一项文字起草任务之后，你的第一反应应该是用最快的速度写个“靶子”，以便后面与领导交换想法时能够聚焦问题，进而启发领导深入思考，帮助你最终确定思路，确保少走弯路。

胸中要有大格局

要站在领导的角度考虑问题，很重要的一点就是，胸中要有大格局。

“起草界”有一句名言：“关起门来当书记。”说的是“文字匠”在起草文稿的时候，要说书记该说的话，想书记该想的事。

文字起草人员完全站在书记的角度考虑问题是不可能的，但有一个角度是应当可以猜到的，那就是书记不可能脑子里只装着一些鸡毛蒜皮的小事，更多的一定是全市乃至更大范围的发展思路和战略问题。因此，我们要服务领导就要胸怀全市直至全省、全国乃至世界的发展大势，努力像领导那样在大格局下思考问题。

这里讲“胸中要有大格局”，强调的是一定要有这种意识。也就是说，每当我们要起草一篇文稿的时候，脑子里的第一反应一定不是具体的说法或者修辞，也不是某个具体的事例和数字，而是要从世界发展大势想到全国、全省和全市的总体形势。我过去常说，当秘书必须“身在夏家洼，放眼亚非拉”。这应当成为所有“文字匠”的第一习惯。

其实，很多时候领导也是凡人，他们尽管接触信息的层次高、范围广，但囿于自身的知识储备和经历背景，对有些事情也不是总能从大局上加以把握。这时候就要发挥我们的作用，尽可能帮助领导把事情考虑得更全面些，视野再开阔些，这样才能发挥“以文辅政”的作用。

领导往往会要求把部门起草的材料再“拔拔高”。这里所谓的“拔高”有两层含义，一是增加一些理论色彩，真正用理论说服人；二是“站在更高的层次上找出这项工作在全局中的定位”。想想看，领导赋予我们的任务中就包含着这种“胸怀全局”的要求，我们有什么理由不设法在这方面多下功夫呢?

要做到“胸中有大格局”，首先要自觉养成不管看什么事情都将其放在全局中去把握的习惯，即所谓学会“上挂下联”，并且使之成为一种思维定式。其次要及时掌握全局工作的思路和重要举措，随时更新自己的知识储备，并且对最新的思路和提法做到了然于胸。这一点非常重要，因为我们处在一个快速发展的时代，各项工作思路和重要提法变化非常快，如果不能及时更新，很快就会落伍。

文稿要有想象力

我理解的领导能力最重要的是三条：一是想象力，二是执行力，三是亲和力。我们文字工作者作为领导的形象设计师，也要努力将这三种能力渗透到领导的讲话当中。

对文稿想象力的要求主要不是针对“小秘书”讲的，因为刚入行的年轻同志往往对领导如何工作缺乏起码的感性认识。对“大秘书”特别是到了政研室主任这个岗位上的人而言，你的主要职责就不能像新手一样，只满足于做最基本的文字服务，而要帮助领导想得更深一层，做到“急领导之未急，想领导之未想”，“急领导之该急，想领导之该想”。这便是文稿中的想象力，这是“大秘书”最重要的本领，没有之一。

这种想象力主要体现在以下几个方面。

一是源于领导的原创思路，我们顺着这一思路继续发挥，也就是“举一反三”。这是我们做得最多的一件事。很多时候，领导只是提出一个苗头性的想法，我们必须敏锐地抓住不放，迅速深入挖掘，帮助领导将零散的想法整理成为一整套系统的思路，并且准确地用文字表述出来。在我的文字工作生涯中，这类事情非常多，如关于城市发展布局的一些思路，都是市领导先提出一个相对比较模糊的概念，然后我在此基础上进一步丰富完善，最终形成全市的工作要求。

二是源于部门的工作思路，我们与部门领导进行会商，进一步充实提高。这同样属于“举一反三”的工作。我曾经明确要求，必须吃透部门的思路，然后站在更高的层次上超越部门的思路。要做到这一点非常困难，因为相关部门毕竟是站在一线做具体工作，对实践和政策比我们更清楚。要克服这一困难，方法无他，就是深入进行调查研究。通过调查与研究，最终达到站在“三个前沿”的目的，即我们的思路要始终站在理论前沿、站在实践前沿、站在政策前沿。唯其如此，我们才能真正吃透部门并超越部门。

三是源于我们自己调研基础上的原创性思路。作为直接服务领导的“文字匠”，我们比其他人有更多的机会接触领导，并且经常参加领导出席的活动。在这一过程中，我们会发现一些未被领导注意到的问题。对于这些问题，我们要及时进行深入研究，并不失时机地向领导提出，争取其进入领导的决策，直接转化为领导决策。我曾经在领导讲话稿中提出过一个主张，即要发展“高端旅游”。这就是我们基于在平时调研中发现的一些问题，有针对性地向领导提出的原创性思路。

四是我们对领导考虑得还不够成熟的想法及时予以纠偏。这一点尤其困难，不过只要讲求沟通的技巧，领导其实是非常开明的。对于我们提出的建议，只要是有道理的，领导一般都会欣然采纳。

博览群书，成为杂家

作为与文字打交道的人，我们必须有一种对文字的热爱，平时最重要的生活方式之一应当是读书。我认识的比较出色的同行几乎都有读书的雅好，这使得他们在工作时能够有更开阔的视野以及更高的认识和理论水平。

我们工作中涉及的领域非常宽泛，经常是上午起草共青团的讲话稿，下午起草城市规划的材料，第二天又要起草党建的文件。在这种情况下，我们如果没有广泛的涉猎，来了任务现去查资料多数时间来不及，而且即使有时间也往往由于缺乏相关起码的背景知识，结果查资料时如同无头苍蝇一样乱撞。

有的年轻同道对此不重视。我们曾经搞过一次竞争上岗面试，面试的题目之一就是："说说你最近几个月中看的一本书，并谈谈读书心得。"有位年轻同志竟然问："杂志算吗?"足见这位同位在一段时间内没有认真沉下心来读上哪怕一本书。这个习惯非常不好。现在网络、杂志等资讯平台比过去发达太多了，使得人们阅读的选择多了，但也带来一个副作用，那就是"轻阅读"大量增加，人们大脑中接收到的知识往往是碎片化的、无系统的。这些东西当然有用。但有一个问题，那就是由于接收到的是碎片化的信息，你在工作中要调取和使用它们的时候，往往因为不知道它们的相关背景知识，很容易用不到点子上。

关于怎样读书，这里只强调如下几点。

一是要读政治理论书籍。这是我们的必修课。因为我们起草的任何一篇文稿几乎都和政治理论紧紧地联系在一起，所以除了要学习中央精神和上级讲话文件之外，还要有意识地读一读哲学、政治学、社会学等方面的一些专著。对一些理论问题有比较清晰的理解和把握，这样才能做到下笔的时候不跑偏。

二是要读点历史。人们常说：“历史是最好的教科书。”我们从事的机关文字起草工作，说白了也属于“应用类文科”写作，而几乎所有文科类的研究与写作都离不开历史知识。特别是我们在撰写讲话稿的时候，如果能写出一定的历史厚度，会使整篇文章增色不少。

三是务必要读“杂书”。这种“杂书”包括但不限于经济学、法学、文学以及管理学、“国学”等领域的书籍，甚至也包括理工农医类和艺术类书籍。因为我们为领导提供的是综合性文字服务，说不定什么时候领导就会让我们撰写一些我们过去完全不熟悉的领域的文稿。大约 20 年前领导有一次交给我一封台湾地区老人的来信，是那种文白相间的旧式信札，要求我给他起草一封回信，文字上也要使用文言文。这时我曾经的“国学”底子便派上了用场，我三下五除二就“之乎者也”地写了一封回信，领导阅后十分满意。试想，如果平时不读点古文的话，到时候“急来抱佛脚”都找不到“脚”在哪儿。

四是读书要用好碎片化时间。我们工作的特点是时间完全不能由自己做主，因此很难气定神闲地泡上一杯茶，慢慢拿着一本书读。所以，我的经验是抽空就读上几页。后来有了电子书，我就养成了一个习惯，在上下班的路上“听书”，这样一年下来，也能读好几本书。

五是如有可能，可以将相近的书对照着读。这样读书有三大好处：第一，可以就近拓展阅读的知识面。第二，可以加快阅读速度，因为相近的书中有一些东西是重复的，这样有些内容就可以泛读。第三，可以加深记忆。同样是因为相近的书中有重复的内容，在阅读的时候等于让你复习了一些重点，不知不觉中有些东西就记牢了。

成为三种人的复合体

机关里的“文字匠”不同于一般的干部，这类人应当成为一种复合型人才。具体而言，应当成为三种人的复合体。

第一，机关里的“文字匠”的第一身份是机关干部。所以，必须按照一个干部的标准要求自己，严格遵守各项纪律特别是政治纪律和组织纪律。这是高压线，无论如何不能触碰。还有一点要特别注意，那就是保密纪律。这件事绝对马虎不得。在我接触的材料里，秘密级文件都属于稀松平常，机密乃至绝密级文件也会经常看到。这就要求我们严格做到“不应知者不求知，不该讲者不乱讲”，很多在工作中接触到的信息只能自己知道，对任何人都不能说。

第二，机关里的“文字匠”还应当有学者的素质。我们是纯粹的脑力劳动者。这个工作性质决定了我们一定要有相当的理论水平和研究能力，很多时候我们还要能够和真正的学者对话。如果我们没有知识基础和理论功底，一旦遇到专家，人家一看你是个胸无点墨的“白丁”，很有可能简单地应付两句就把你打发走了。同时，我们可谓领导身边最近的顾问和智囊，这也要求我们能够成为某一方面甚至是某几方面的专家，以备领导有事随时询问。更为重要的是，我们在起草文稿的过程中不可避免地会碰到大量专业知识，我们自己必须先将这些知识吃透说清，这一过程实际上就是一个学者研究的过程。

第三，机关里的“文字匠”还要有记者的素质。记者最重要的素质是“敏锐”，具备“见微知著”的本事。机关里一名合格的“文字匠”也要向记者学习，通过各种渠道敏锐地发现问题，手中始终掌握着最新、最鲜活的事例、典型和相关数字，并且能够在起草文稿时信手拈来。这样写出的文稿才能紧密结合实际，真正具有针对性和指导性。

学会触类旁通

“起草界”的人士应当博览群书，成为杂家。一旦成为杂家，我们的思考更容易发散，做到触类旁通。

作为一名合格的机关“文字匠”，要掌握的文字技巧如果说第一位是提炼概括标题的话，第二位就应当是触类旁通了。事实上，很多标题的提炼概括也不限于这项工作本身，有时也需要借用或化用其他知识或概念，或者其他文章的提法。

要做到触类旁通，最重要的一条是你的头脑中一定要有“旁类”的东西，否则就谈不上“触”和“通”。这种“旁类”的东西大体有如下几个来源：一是读政论书籍以及阅报、看文件。这在机关工作中必不可少。二是读一点“闲书”。这是积累“旁类”知识的最重要渠道。记得有一次我在起草一篇廉政工作会讲话稿时，有一部分几乎是直接套用了中医的“治未病”理论，使得文章变得生动形象。“治未病”理论，就是我在平时读闲书时得来的。三是注意听别人讲其他行业或岗位的做法以及社会上的各种故事。从这些做法和故事中得出的一些启示也是我们“旁类”知识的重要来源。

有了“旁类”的东西，还需要“触”和“通”。要具备这个本事，是需要有一点灵气的，单靠勤学苦练不行。“文字匠”这个行当属于“好汉子不愿干，赖汉子干不来”的营生，就是这个道理。在这种需要一点灵气才能干好的领域，那些缺少灵气的“赖汉子”单纯靠工作态度好、肯吃苦耐劳也干不好，这多少有点“祖师爷赏饭”的意思。

当然，要做到触类旁通，即使有了灵气，如果不能沉下心来苦思冥想，也别指望灵感一下子就从天而降。这时候还是需要刻苦和勤奋的。

好脑子赶不上烂笔头

我们在平时的工作中会接触到大量的信息，这些信息来源多、数量大而且内容良莠不齐，如果我们不能及时地进行记录和分类整理，很快就会忘掉。所以，机关里的任何一名“文字匠”都是拼命记录的小能手。当年有人半开玩笑地对我说：“开会别人都抬着头听，就看见你趴在桌上拼命记。”我也开玩笑地说：“这是职业病，有一天我不干这一行了，我也不这么记了。”

除了开会时拼命记录之外，我们这一行还要养成平时做读书笔记的习惯。注意，这里的“读书”并不限于那种装订得厚厚的图书，也包括薄薄的内参、文件等等。我们在工作中每天会接触到大量的文字信息，对于这些材料，一般的人看过也就满足于“知道有这么一件事”而已，但我们必须要把其中重要的观点和表述摘录下来。因为一旦我们在写文稿时需要用到，绝对不能仅凭记忆中的印象就随便写出来，而是要非常准确地引用。我一般案头上有三个本子，其中之一就是专门做这种文摘的本子。有的人更喜欢做剪报，不过我个人不喜欢剪报。这是因为一来太占地方，二来剪报都是整篇的文章。我们真正要用的并不是整篇的文章，而只是其中的部分内容。有的只是一两个观点，甚至只是一句话。

刚才说到我的案头上有三个本子，其中之一是会议笔记本。第二本是各类材料和书籍的摘抄。第三个本子主要记录自己头脑中随时冒出来的一些思想火花。这个本子非常重要，因为“起草界”的人很多时候脑子里会突然来一个稍纵即逝的灵感，必须在第一时间将其记录下来。所以，我的这个本子上记满了各种想法（后文会有详细记述）。

不过，我这第三个本子除了我个人之外，谁也看不懂。这个笔记本上一般没有整段的文字，多数是一些独立的句子，主要是记录自己读书思考的观点。有些甚至不是完整的句子，只是几个关键词。这种来了灵感就随手记下来的东西，唯一的要求就是快，必须迅速抓住刚刚冒出头的灵感，用几个关键词记下来，回头有空再整理，就可以使之系统化。

我经常大半夜醒来后闭着眼睛想白天工作上的事情，夜阑更深的时候独自思考，往往最出灵感。我的小本子和笔就放在床头柜上，有时一个好想法出来，立即打开台灯在本子上顺手记下几个主题词。这些东西，很多在后来变成了讲话或文件。

根据我的体会，一名像样的“文字匠”，一定要养成随手记笔记的习惯。这个习惯一旦养成，受益无穷。

怎样做笔记？

大家看了这个话题，可能会觉得，笔记谁不会做呀！不过，要当好“文字匠”，还真的要琢磨一下笔记应当如何做。

我刚参加工作时的老处长会速记，每次开会他都能把领导讲话一字不差地全部记录下来。大家都特别佩服他的这一本事。他也好几次劝我学学速记，但我比较懒，终究没有学会这一技能。

不过好在到了 20 世纪 80 年代末，小型录音机已相当普及。当时我们处里也配了一台，每次开会大家都带着这台录音机去，会后用录音机把领导讲话一句一句地翻下来，效率似乎也不比速记差多少。

不过尽管如此，我们这一行也不能完全指望录音设备。因为有许多会议特别是一些内部会议是禁止录音的，这时候还要靠纸笔记录。所以，我们这些“文字匠”都有一手快速记录的本事。当年我和几位同事一起参加一场有一位很高级别领导出席的小范围会议，会后需要把领导的讲话整理出来。我们几个人硬是凭着手中笔记本上的记录，相互对照印证，结果一字不差地把那位领导的讲话整理了出来。

要说具备这种记录能力需要有什么诀窍，其实也没有。主要是精力必须高度集中，心到手到，除了使用汉字记录之外，还用一些自己能看懂的缩略符号，这样就能记得下基本轮廓。由于在记录的时候精力高度集中，会后在第一时间立即根据回忆将漏记的内容补上，这时的笔记就会八九不离十。

当然，还有一些个人的记笔记习惯，也是非常有用的。这里不妨分享出来，供“起草界”的新手们参考。

我手头有三种笔记本，分别为会议笔记本、读书笔记本和“灵感笔记本”。这三种笔记本的记法不尽相同。

先说会议笔记本。一般情况下，我开始用一个新的会议笔记本的时候，会在外缘三分之一处折一条线，这样我在参加会议进行记录时只用每页的三分之二，剩下的三分之一是留给会后整理和“补漏”用的。每次会后我会及时把漏掉的重要内容在空白的三分之一处补上。除了补漏之外，会后整理笔记的另一项内容是标注重点。我做记录的一个习惯是手头一般备有双色笔，用蓝色或黑色笔做记录，另外用红色或绿色笔做标记。这样会非常醒目地将重要内容标识出来，有时还在那一页三分之一的空白处用红笔简单地记上两句心得。这样一来，我的笔记本就变得花花绿绿的，除了我自己，谁看谁迷糊。

再说读书笔记本和“灵感笔记本”。这两种笔记本规格不同，一般而言读书笔记本会是比较大的本子，我在使用这种本子的时候往往会记得很随意，而且行间距较大。这种大行距的好处在于可以随时在笔记上勾画和增加标注。至于“灵感笔记本”则是我可以随身携带的笔记本。这种笔记本是我专门定做的，大小规格分为两种，一种可以装在西装口袋里，另一种则可以在夏天装在衬衣口袋中。这种笔记本上不划线，只打上暗格，在上面书写时完全不受暗格的影响，可以书写得更加随意。有时一页纸上只记录几个关键词，事后再对这些内容进行整理。我的习惯是，把在这种“灵感笔记本”上随手记录的一些东西，定期整理后抄誊到读书笔记本上，这样做的好处是能够经常整理思路，始终用笔记督促自己学习和思考。

从无话可说到精简文字

机关里的“文字匠”都会经历这样一个过程，那就是刚入门的时候为无话可说发愁，到了后来为压缩文字苦恼。

导致这种问题的原因说起来很简单，那就是在刚刚入门的时候了解的情况少，对上级的要求、下级的期盼、外面的做法、领导的主张、基层的典型等等，心中全然无数，在这种情况下，每当接到一项起草任务，本能的反应一定是从资料室或网上找类似的文章来抄。但即使是这样，在抄完几句各处都能用的空话和套话之后，由于腹中没有东西，还是没法挤出有用的话来，于是只能空打两句官腔，后面还是无话。因此，对新手来说，最发愁的事情是“写不出来”。

当在“文字匠”的岗位上干了几年，头脑中积累了一定的东西，成了一只“老鸟”之后，情况就会发生逆转。这时你会发现，每当接到一篇文稿的起草任务之后，你不会再整段整段地从别处“借鉴”了，而是设法把手头已经掌握的素材一点不糟蹋地统统用上，好像不如此便对不起自己掌握的这些素材一样，生怕漏掉什么。

这样做的结果就是文章越写越长，到了这个时候，没有经验的“文字匠”就会倒过头来开始删文字。删了一会儿就会发现，这也不舍得删，那也很重要，于是就开始为压缩文字而发愁了。

要想写短稿子，一定不能“脚踩西瓜皮——滑到哪算哪”，那样一定会越写越长。必须是胸有成竹再下笔。所谓胸有成竹就是对文章的整体结构有一个完整、全面的把握，即所谓“先见森林，后看树木”。这样一来你就不会被单独的树木（如某个事例）困住，而是先考虑如果去掉这棵树木是否会影响整片森林的形象，从而在根上预先完成对材料的取舍，这样自然就能将文章写短了。

话不够，哲学凑

“起草界”的新手往往发愁怎样把文章的字数凑够。这里就讲一个凑字数的小窍门。

这个凑字数的方法说出来其实很简单，那就是“话不够，哲学凑”。一般情况下，如果我们在准备一篇讲话稿的时候发现有时只是布置一项具体工作，而且有关的工作意义大家都清楚，相关的具体要求上级的文件或讲话里都讲得“透透的”，到我们这里实在没有多少话好讲了。这时候怎么办？最保险的办法就剩下一个——讲“哲学”。

讲“哲学”并不是讲那些哲学理论，而主要是使用一种思维工具，那就是“辩证法”。注意，我这个“辩证法”是加了引号的，它并不是真正意义上的辩证法，而是一种基本上没有超出中学生学习范围的、低层次的、通俗甚至庸俗的“辩证法”。

这种在我看来其实是庸俗的“辩证法”，是最典型的没话找话型的文字展开，我有时戏称其为“变戏法”。一般而言，三转两转就能凑出几百字来。通常，这种“辩证法”文稿主要有如下套路。

一是“既要这样，又要那样”。在“八股”套路文风当中，这一条非常多见。布置一项工作经常几个东西都是重点。这种文风其实反映出不接地气的作风，因为不论是一个部门还是一个人，其精力总是有限的，不可能面面俱到且面面俱佳。但我们的文件或讲话经常不顾这一点，把几个目标都说到。这种做法从根本上说是把责任向下推卸，反正上级把话都说到了，出了问题责任就不在上级了。就好比指导踢足球一样，要求球队“既要稳固防守，又要加强进攻”。我在讲话中就可以没话找话地说上一大段稳固防守的意义和要求，然后再说上一大段加强进攻的意义和要求，一下子几百字出去了。你看，这样一来字数不就凑够了吗？

二是“处理好几个关系”。这种表述在我们的各类讲话当中也不鲜见。不信去看各类讲话，里面关于处理好“大和小”“多与少”“快和慢”之类的论述不胜枚举。这种表述在写作的时候要比上面那种“既要这样，又要那样”稍微多费一点脑子。因为上面那种只要把几种目标的意义和要求进行简单罗列就差不多了。这种“处理好几个关系”则略有不同，一般在“处理好几个关系”的时候，除了要对构成“一对关系”的两个“反义词”作出解释之外，通常要对二者的关系作出相对深入的阐述，而且这种阐述中一般要有事例或数据作支撑。特别重要的是，在讲这种关系的时候，往往不是将两个“反义词”并重，在工作要求上平均用力，而是要有倾向性地对某一个方面着重强调。所以，从严格意义上来讲，这种“处理好几个关系”并不是“正确的废话”，只不过在很大程度上是将本来两三句话就能说清楚的问题，“注上水”硬凑出一大段文字来。

三是“要一分为二看待某个问题”或者“更全面地看待某个问题”。这其实也是没有超出中学政治课教学大纲的小把戏，因为不管什么事情总能找到另一个角度去看，讲这种道理也纯属“没话找话”型的“文字注水”。

基层的同志对这套话术非常反感，过去就有基层领导干部当面跟我不无讽刺地说，“咱们布置工作都拔高到哲学层次了”，言下之意我们的文章空话太多了。他不知道的是，有些老生常谈的话年年会会都要说，有的时候一个要求几句话就能说清楚，但不开会显得不够重视，一定要开会就要有个相当长度的讲话。假如时间还不够，就再找几个典型发言。所以，这样的讲话就只能是“报上抄的，秘书编的，应付会的，凑时间的”。如果不是把我们逼到没办法，谁愿意往文章中“注水”呀！我们也是普通干部，同样痛恨“八股”文风。

细节，细节

人们常说：细节决定成败。对机关里的“文字匠”而言，这句话尤其重要。

我们写的各种文稿，包括讲话稿以及以领导名义发的署名文章和信函，严格意义上都属于公文。既然是公文，就可以套用那句老话，“一字入公门，九牛曳不出”，意思是说在公文中一个字的差别造成的后果，九头牛都拉不回来。因此，我们这一行的人要对我们写出的每一个字负责，对每一篇文稿都有一种临深履薄的敬畏，确保万无一失。

在我以往的工作中，经常能够看到各部门和各区市上报的稿件中有一些低级错误，有的是数字引用错误，还有的是语句不通、错字连篇，有时弄得我们哭笑不得。

这些错误我们自己也犯过，而且犯得还不小。大约 30 年前，我们为起草市党代会报告连续干了几个月，临近开会报告终于可以定稿了。领导让我们校对后送印刷厂正式付印，于是一位同事把磁盘送到印刷厂，看着印刷厂的工作人员把文件拷贝下来后就走了。到了正式开会的那一天麻烦出来了，忽然书记读着报告

“卡了一下壳”，我们赶紧对照手中的稿子一看，原来稿子上有一句话是“一级带一级”，但印出来的文件上这句话变成了“一带一级”，莫名其妙地少了一个“级”字！大会刚一结束，领导立即把我们几个叫到办公室，拍着桌子训了起来。“忙了几个月，最后让你们全弄砸了！前面的活儿等于是白干了！”我们自知无可辩驳，只能低着头一声不吭。领导让我们立即查找原因，我们马上打开电脑找到文件的最后一稿。这一看，就更加莫名其妙了。原来，我们在电脑中存的最后一稿中没有这个错误。于是我们又到印刷厂去查，最后终于搞明白了，是印刷厂排版时弄掉的。领导了解了这个错误的原委之后，厉声责问道：“你们为什么不盯着看样稿？责任心哪去了？”领导问得非常有道理，因为在当时的技术条件下，最后一稿并不是我们在电脑上看到的稿子，而是在付印之前最后出的样稿。我们当时忽视了这一点。

这件事对我们的教训非常深刻。也就是从那时开始，我们在写稿子的时候养成了一个非常好的习惯，在稿子交出去之前，务必要进行一次校对。为了防止在校对时将问题漏掉，我们每次都是小声把稿子念出来进行校对。

据我观察，文稿中最容易出问题的细节之处有如下几个：一是标题。一般情况下，因为写稿子要先确定标题，而标题一旦打出来就极少改动了，所以在校对的时候容易被忽略掉，即使是读稿子校对，很多时候也不读标题。出于以上原因，标题成为错漏字最多的地方。二是数字。写稿子的人一般把数字抄上去就不大动了，而把主要精力用于文章的其他内容，结果有时三改两改就把数字给碰了，有时会弄得少个 0 或者掉个数。三是专业术语、人名和常用词组。在电脑上输入的时候有时几下就敲出一堆来，结果由于过分相信电脑的智能输入而出错。四是标点。这方面的错误有的是由语文水平不足导致的，属于“硬错误”；更多的是由于改动稿子的时候没有照顾到前后文，结果该用句号的用分号等等，属于“软错误”。

很多年前，我曾经听说过校对《毛泽东选集》的故事。据说，在《毛泽东选集》校对的过程中，都是一个人读稿，一个人看稿，逐字逐字地校对。最关键的一点是，这套书做了这样的校对：从全书的最后一个字开始，倒着向前校对。我们的“文字匠”在关键时刻一定要这样精益求精。

注意服务对象的语言习惯

我们作为机关里的“文字匠”主要职责是为领导服务，因此必须注意在服务的细节上下功夫。除了文稿校对这一类细节之外，还有一个细节，是很多“文字匠”容易忽视的问题。

讲话稿是具有口语特征的书面语言。由于其在广义上属于“书面语言”，因此我们在起草过程中往往对讲话的“口语特征”上的一些细节不够重视。但是，在有的时候如果不注意这些细节，很有可能给领导讲话的效果带来负面的影响，最终不能完成我们作为领导形象设计师的任务。

1996年，我为市委书记起草全市企业改革工作会上的讲话稿。在会前我为领导准备讲话稿的时候，为了使得讲话更加活泼，特意用了一个类似“段子”的说法，在文中写道：“我们有些国企的领导干部行为很不注意，经常出入酒场，身边还带着个小嫚儿。”这里的“小嫚儿”是胶东地区的方言，意思是“年轻姑娘”。可我千没想到万没想到，这里有一个要命的细节，就是书记不是山东人，不会说胶东方言。结果书记讲话念到这里时，把应当轻声读出来的“小嫚儿”用普通话一字一顿地念成了“小—

嫚一儿”，导致会场哄堂大笑。

会议刚一结束，主任就找到我，厉声问道：“这个段子是谁加上的?”我老老实实地回答是我写的，主任非常生气，说我让市领导在全市大会上出丑，责令我作出检查。我自己也意识到这次的“段子”演砸了，于是心服口服地作了检查。

从这次“事故”之后，我就多了一个心眼儿，在给领导进行文字服务时，花一定的时间把握领导的语言习惯，包括但不限于口音、经常习惯性读错的字，等等。比如，很多领导会把“酝酿”念成“运嚷”，有的领导把“奢”“侈”两个字连起来读的时候没问题，但单独拿出来读有时分不清楚，会把“奢靡”念作“侈靡”。我在起草讲话稿的时候就注意若能够回避这类词汇就尽量回避，以免给领导带来不必要的尴尬。再比如，我曾经服务过的一位领导是烟台人，他讲话时会把“正”念作“静”。有一次同事们为这位领导起草的讲话稿中出现了一句话：“政者正也，己不正焉能正人。”我们在修改的时候考虑到如果用烟台口音念会非常别扭，于是果断地把这句话删去了。

何以写成“急就章”？

在机关文字岗位上工作，很多时候会接到非常紧急的文稿起草任务，我最快的一篇文稿只用了半个多小时就匆匆写就。写作“急就章”有没有一些诀窍呢？答案是：有，但新手一时掌握不了。

这个诀窍说白了就是两个词：“套用”和“化用”。

说到“套用”，不得不又一次提到万能讲话稿。如果认真读过《从万能讲话稿说起》这篇文章就会发现，其实写机关里的这种文字，要达到最低要求即基本可用并不难，只要遵循讲话稿的一个基本套路（也就是我所说的万能讲话稿的“八股”路数）即可。特别是机关里有一些差不多每年都要召开的部门性工作会议，基本上年年讲的东西都是在已有基础上再加上一部分新东西。如果手头上有一些过去类似的稿子，那就不妨把它们拿过来直接借鉴其基本框架，然后再增加新的提法，总结当前的形势并列举一些新的事例、数字，差不多一篇讲话稿的大模样就有了。后面如果时间允许，再力争进行一些新的概括和提炼，整出几个诸如“三个必须”等朗朗上口的标题，一篇新稿子就这样诞生了。虽说是“八股”气息浓厚的套话，但作为“急就章”还是勉强可以应付过去的。

以上说的是遵循万能讲话稿的“八股”路数进行的最低水平的“套用”，这仅仅达到了勉强能用的底线，距离领导满意的标准还差得很远。对“起草界”的“老鸟”来讲，达到这种水平是不及格的，而要写得让人看不出是从过去的稿子上“扒下来的”，就不能再进行简单的“套用”，而是更多地采取“化用”的办法。

所谓“化用”，就是把已有文稿中的一些好的写法和表述，加上最新提法与形势分析等内容，进行重新组合、灵活运用。换言之，就是把这些东西重新吃透为自己的思路，然后尽量抛开过去的表述，用自己的语言重新表述。如此化用后形成的文稿，可能连大标题、二级标题同过去文稿之间的关联都不能被看出来，只有“起草界”的同行才能发现其真正的出处。

对“文字匠”中的新手来说，掌握了“套用”的基本路数，可以说这才真正进入了这个行业的大门。如果“套用”这一关已经通过了，就要尽量再给自己定下更高的标准，这一标准就是“化用”。要做到“化用”有两个要求，一是要多看各种类型的文稿，学会从不止一类文稿中找出可以化用的素材；二是要努力掌握当前的实际情况和各方面工作的进展，学会从中随时进行重新提炼和概括。

能够活学活用“套用”和“化用”绝非一日之功，这里需要的一是“积累”，二是“用心”，三是“勤奋”。当一名“文字匠”能够熟练运用这两个手段，在最短的时间里调动一切素材形成可用的“急就章”的时候，我们差不多就可以说，这名“文字匠”“出师”了。

注意积累原稿

为什么特别要强调“原稿”而不是泛泛地说“各类稿件”呢？这是因为“原稿”对“文字匠”的养成有着特别重要的意义。

我这里提到的“原稿”指的是“各类稿件中每次修改形成的原稿”。这些原稿中有每次修改的痕迹，积累这些原稿，有助于我们追溯每一次修改的过程。这一点非常重要，因为好稿子是改出来的。修改的细节非常有价值，如果只是改完就算了，那么就很难留下值得记取的经验和教训。因此，一定要保留每一次修改形成的原稿，以利于随时查找修改的记录，及时总结文字起草中的经验和教训。

我刚工作的时候，领导修改稿件都是用红笔在手写稿上修改，每次我们都要根据领导的修改重新誊抄一遍。我就是从那时开始养成了积累原稿的习惯，每次领导用红笔改过的稿子我都会保存下来，对照着领导修改的地方反复思考领导为什么这样修改，如果有可能还会当面向领导请教他修改稿子的思路，领导也会利用这个机会对我耳提面命，使我受益匪浅。

自20世纪90年代初“换笔”，开始用电脑直接起草文稿以来，我仍然会把自己起草和领导修改的每一稿都标上时间保存起来，这样保存的电子文稿更加方便查阅而且节省空间。如果你是“老文字匠”就会发现，在很多时候，我们撰写的稿件改来改去最后很有可能又改回原来的某一稿，这时保存每一份原稿的价值就充分地显现了出来。

积累原稿是手段不是目的，积累的目的在于总结写作的经验教训。所以不要认为把每一稿都存在电脑中就万事大吉了，而应该在闲暇时间里找出所有原稿来仔细地“反刍”。这种“反刍”最好能有两次，第一次是在定稿后的第一时间，这时由于文稿起草刚刚结束，头脑中的“热乎劲儿”还没过去，因此能够清楚地记起每一次重大修改的理由和依据，特别是领导提出的意见。这有利于趁着细节记忆尚未消退，把一些平常容易出现的小毛病及时找出来，对文稿进行最后的订正。第二次则最好是经过一段时间的沉淀，特别是文件或领导讲话发出之后进行“反刍”。这时的“反刍”重点不在于具体的文字细节，而在于仔细体会我们撰写的稿件发出之后收到的效果，这实际上是对稿件中体现的工作思路的一种评估。

这两次“反刍”其实针对的是两类不同的“文字匠”。前者主要针对的是年轻的新手，而后者则是具备一定职务和级别的干部应当考虑的问题。因为前者更多的是思考“为文”，后者更多地体现为“辅政”。

顺便说一点在电脑上积累原稿的技术性注意事项：在电脑上保存原稿时，文件名称最好的格式是稿件名称加上年月日，将文件排序方式设定为“按文件名称排序”，这样同一稿件的前后几稿都集中在一起，查找起来比较方便。

多写勤练

如果说“积累原稿”是一种有形积累的话，那么还有一种无形积累，而且是更重要的积累，那就是经验的积累。

说句老实话，谁也不是天生就会写材料的。“文字匠”这个行当，想要成手只有一个笨办法，就是在实践中增长才干。

现在回过头来看看，刚入行时的我简直笨得一塌糊涂，写出来的文章只能保证文通字顺、标点符号使用无误，完全谈不上有自己的观点，更谈不上“以文辅政”。那时一接到任务，脑子里的第一反应基本上就是一个字：抄。从各类已有的材料中找点素材，剪刀加糨糊，东拼西凑地搞出一篇刚够字数要求的文章向上一交了事。直到后来，我的老主任对我说，这样不行，要多看看老同志们写的东西，从中悟出写作的门道来。于是，我就从处里的档案中找出老同志们写过的稿子和领导改过的稿子认真看，希望从中能够“悟出”点什么。说实在的，看了半天基本上什么也没悟出来。

后来回想起来，那种仅仅通过看别人写过、改过的文章便能“悟出”写作之道的做法，其实是很有些问题的。问题就出在只看别人写的东西，是无法把自己写作时的问题真正带入头脑中认真思考的。所以，当我后来也做了领导时，就没有按照老主任当年带我的做法，而是一上来就直接给年轻人压担子，让他们在学中干、干中悟。根据我的体会，学习写材料的过程是一个实践的过程。在这一过程中，看别人的材料十篇不如自己动手改一篇，改别人的材料十篇不如自己直接起草一篇。我觉得所有“起草界”的同人应当把这句话当作座右铭，不断激励自己勤于动手。

对于“起草界”的年轻人，我的建议是遇到任务务必抢着干，而且一定要抢最难啃的骨头。一项任务接到手之后，一定要把自己憋到绞尽脑汁，这时你遇到的问题，才是制约你文字水平提升的真问题。当你带着这样的问题把稿子交给领导之后，再看领导是如何修改的，你才能真正有的放矢地去“悟”，而只有在这个时候“悟出来”的东西，才能在心中牢牢地扎下根来，成为以后工作中最大的一笔财富。

对于已经当上领导的“老鸟”，我的建议是千万不要怕麻烦。因为在很多时候，把一项任务特别是时间要求比较紧的任务交给年轻人是比较冒险的事情，一旦年轻人完成任务的质量不高，到时候累的是自己，往往改一篇毛病很多的稿子，弄不好会被它带偏，还不如自己直接动手写来得方便。所以很多老同志宁可自己辛苦一点，也不愿意把任务交给年轻人。我在做处长时的经验是，有些重要的稿子我在自己写的同时也布置给年轻同志写，待他们把稿子交给我后，我有空就帮他们指出问题之所在，如果时间来不及，我就会把我写出的稿子给他们看，引导他们带着问题“悟”，往往会收到较好的效果。

当然，所有这些的前提是，年轻人要好学上进，具有敬业精神。

其实在哪个单位你都是个香饽饽

我们“起草界”的同人聚在一起的时候，往往三杯酒下肚，个个诉不尽满腹苦水、一腔冤仇。其实你仔细想一想，机关工作当中哪个岗位、什么时候离得开文字呢？会写文章可以说是机关里存身的基本技能，否则公文写作也不会在公务员考试中作为必考的重点之一了。你我能够在文字岗位上接受专门锻炼，最终成为超越其他人的“文字匠”，也不能说不是一件好事吧。

我由于长期在市委机关工作，同各部门的领导干部打交道的机会较多，很多部门的领导会和我提一个要求，那就是想从政研室里要“能写字”的干部充实到自己的部门。事实上，我们也的确向许多部门输送过这样的干部。实践证明，我们送出去的干部到了其他业务部门之后，也都成了文字工作的主力。

从事机关工作的核心能力是什么？其实不外乎“脑瓜子、嘴皮子和笔杆子”。也就是说，一个好的机关干部首先要头脑清楚，其次要具备较强的语言和文字表达能力。如果缺少这几样核心能力，往往难堪大用。有的人可能会说：“我看到有的干部写东西不行，但协调能力和办事能力很强，照样得到提拔重用。”其实，这是只观其一，未见其二。这些干部的协调能力和办事能力，最终都要通过深思熟虑后的表达来体现。只不过，他们中的有些人是“能说不能写”，也就是“嘴比笔快”。如果有人把他们说的东西系统整理一下的话，往往就是一篇表达清楚甚至文风清新的小文章。

我曾经服务过的一位领导，口才极佳，他并不自己动手起草讲话稿，而是由我们代劳。但平心而论我们的工作其实极为轻松，因为每次给他准备一篇讲话稿之后，他都会把我们叫到他那里当面再“谈谈”，这时我们只要把他口头讲的东西记下来，再进行一些文通字顺的整理，一篇思想性很强而又生动活泼的讲话稿就完成了。

我也见过一些写出来的东西确实有不少低级错误的干部，但在和他们交谈的时候，会发现他们的头脑其实非常清楚，他们只是不擅表达而已。这样的干部特别是领导干部，他们身边最需要的就是一个能帮他们把思路条理化并形成清晰表达的人，而这恰恰是我们所擅长的。你说，领导一旦发现这样的人，怎么能不把他当作自己身边的香饽饽呢？

所以说，“文字匠”这个行当虽然苦，但这群人有条件得到核心工作能力的锻炼和提高，从而成为单位里的香饽饽，有很大机会在同侪中脱颖而出。从这个意义上讲，这个行当未尝不是一个很好、很锻炼人，也很有发展前途的职业。

明白了这一点，我们的各位同行特别是年轻的同行，就要在工作中对这个职业有一个正确的态度，真心诚意地做到敬业，以敬业增长才干，以敬业提升自己。

我真的爱这一行吗？

人们常说，要干一行爱一行。作为机关里的“文字匠”，扪心自问：我们都真的爱这一行吗？

说句实在话，很多“文字匠”，包括我自己在内，并不是一开始时主动选择了这一行，大多是被领导安排到这个岗位上，身不由己地成了这架高度紧张、飞速旋转的机器中的一部分。这一职业的辛苦，非亲历者不足道，不知有多少人干上几天就扛不住了。在这个过程中能够对这一岗位由衷地说出“热爱”这两个字的，大概少之又少。

我们“起草界”的同人多数工作起来真可用“暗无天日”来形容，在那黑暗尽头唯一一处光亮就是我在前文所说的，我们这种香饽饽有更多的机会得到提拔重用。如果干了几年还是没能借此跳出龙门，大概很难不产生职业倦怠。

在这里，我也坦诚地说出自己的心路历程。简单地说吧，我的领导、我的同侪乃至我的下级，差不多都是干了一段时间就脱离这片“苦海”了，只有我在这里苦熬了27年。干到最后，说句实话，对这个岗位用“痛恨”来形容也不为过。你倒说说看，我这个“老文字匠”到底爱不爱岗？

其实，“爱岗”与“敬业”并不完全是一码事。但是，我们既然已经跨入了“起草界”，不论我们爱不爱这个岗位，都要对得起这个职业。换言之，要做“文字匠”就要有点匠人精神。

我过去和同事们经常说，我们都不用唱高调，有什么想不通的事情千万别闷在心里，该向组织说的只管说。不过，我同时还反复强调另一句话，那就是“干什么不一定爱什么，但干什么一定要像什么”。“干什么一定要像什么”看似是一个很普通的要求，但实际上很难做到。因为要做到这一点坚持一两个月不难，难的是几年乃至二三十年如一日，始终干得“像那么回事儿”。

不自夸地说，我在从事文字工作的 20 多年里，虽不“爱岗”但十分“敬业”，坚持做到“只要当一天和尚就一定认真地撞一天钟”。回想这 20 多年，也曾经有过职业倦怠感，但最后还是职业理性战胜了职业倦怠。

做过文字工作的人都知道，这个活儿是个“良心活儿”，如果应付一下可以说也能“滑过去”，简单地把其他的稿子“套用”和“化用”并不费太大的气力。但如果按照“干什么一定要像什么”的要求来衡量，这样简单地用万能讲话稿的格式，一味地“套用”“化用”，你自己就会觉得良心上过不去。我的很多“老文字匠”朋友都有这个特点，有时大家坐在一起交流也难免发几句牢骚，但一接到任务立马就像打了鸡血，全力以赴地投身到工作当中去。其实，这些人也正是因为有了这种“敬业”精神，才能在这个职业中一步步得到进步。

我的观点是，如果自己实在觉得不能再从事这个职业了，那么就开诚布公地向领导把心里话说出来，如果领导同意转岗，就尽早把岗位让出来，不要恋栈；如果领导不同意转岗，那就“在岗一分钟，尽力六十秒”，继续毫不懈怠地做好工作。事实上，我在自己的文字工作生涯中就曾多次找领导谈转岗而不得，事后尽管是“含悲忍泪”，但工作中依旧是“往前走”。

这就是我的职业理念，不用说大话，只要记住“干一行不一定爱一行，但干一行一定要像一行”，并时时以此警醒自己，就足够了。

这，可能也是“文字匠”的一种“修炼”吧。

学会像领导那样思考

我们这些“文字匠”是为领导服务的“幕僚”。要做一个好“幕僚”，最高境界是“以文辅政”，成为领导离不开的“高参”。

平日里我们接触到的信息远不及领导，这也就注定了我们不能有领导那么高的水平。但是，我们接触不到领导能够接触的信息，并不代表我们无法学会像领导那样思考。要成为一个合格的“幕僚”，我们应该对领导思考问题的方法有个大致的了解。

据我的观察分析，一名领导干部在想问题、作决策时，不外乎从以下几个方面考量。

一是“上面是怎么提的”。我们开展工作一定要根据上级要求进行，这首先体现为讲政治，在思想上政治上行动上与党中央保持一致。千万不要把这句话当成一句套话，我们机关里的“文字匠”在这方面务必要为领导把关尽责，不能出丝毫的问题。从我们手中拿出去的文章，在落实上级指示精神方面，要做到“句句有出处，笔笔有着落”。这是我们作为机关干部遵守政治纪律的最重要底线，万万大意不得。

二是“基层是怎么盼的”。我们党的宗旨是“为人民服务”，执政理念是“以人民为中心”，“载舟覆舟”的道理自古皆然。所以，各级领导在作决策时一定要考虑基层群众的呼声。我们这些“幕僚”要主动考虑领导决策的这一重要背景，经常深入基层开展调研，搜集社情民意，及时提供给领导作为决策参考。并且，我们在起草文稿时要有意识地体现来自基层的呼声，使稿子更接地气。

三是“别人是怎么干的”。我经常开玩笑说，一件事如果过去从没有尝试着干过，最简单的办法就是“傻子过年看街坊”，找找有没有外地的做法或基层的经验。先看看别人是怎么干的，效果如何，有什么经验教训，还有哪些地方需要改进，等等。其实，领导在决策时也会先问外地有没有类似的做法，并以此作为重要的决策参考。大约10年前我在给领导起草的讲话稿中提出要“寻标、对标”，其实也是这个意思。正因为“别人是怎么干的”这一条在决策考量中如此重要，我们必须有意识地强化一种意识，那就是要经常“扫描环境”。手中掌握外地和基层的大量新鲜做法，这应当成为“起草界”的一项重要功课。

四是“专家是怎么说的”。现代社会专业知识高度分化，领导干部要接受和处理的信息比以往任何时候都面广量大。在这种情形下的决策，一个重要特点是专业化程度越来越高，于是出现了专门的智库和专家，实现了“谋”与“断”的分开。各级领导在决策时几乎都会主动咨询专家的意见，以确保决策能够科学合理。我们要更好地“以文辅政”，必须学习相关专业知识，如有可能也要设法直接向专家请教，确保我们为领导起草的文稿能够讲出专业水平，至少是不说外行话。

五是“我是怎么想的”。这其实指的是领导在作决策时的

“内心独白”，也就是把以上四个因素全都考虑进去之后，自己应当如何进行权衡。我们要更好地辅政，就要用心体会领导在此时此刻的权衡过程，把他没有说出的“内心独白”完整、准确、清晰地呈现到文字上，使我们起草的文稿做到“急领导之该急”“想领导之该想”。达到这个标准非常困难，但应当成为我们每个“幕僚”的重要努力方向。

名言佳句是“味精”

在起草各类讲话稿时，少不了引用一些名言佳句。这种做法好处有二：第一，有利于塑造领导儒雅的形象，让听众觉得领导谈吐不俗、知识广博，可以为领导的形象增色。第二，有利于把观点讲透。很多名言佳句有一个特点，那就是言简意赅、含义深刻隽永，而且朗朗上口，为公众所周知。恰到好处地引用名言佳句，会省却好多拖沓的语言，用一句话概括出很多深刻的含义，让听众一下子就明白领导所要讲的观点。

要学会正确运用名言佳句，首先，肚子里要有货，也就是说要有意识地涉猎一些文史著作，张口能背出几段中外作品的名言来，而且还要清楚这些名言或者典故产生的背景及其背后的含义。只有这样，才能用得上，也才能用得准。我曾经遇到过一些年轻同志，他们想在自己起草的稿子中引用一两句古文，但大概是国学底子不深，明显不知道“典出何处”，结果“引喻失义”，导致“用得不是地方”，反为不美。其次，要学会运用工具书。现在这类工具书不少，网上也有不少资料可查。我们平时要留意在哪里能够找到相应的名言佳句，以便到了用的时候能够一下子准确地查到。过去我就有这类工具书，里面分门别类地收集了很多名言佳句，并且都有详细的注释。与此同时，我平时闲暇时也喜欢读一些古诗文，这样一来，在写作中需要引用时就可以信手拈来。

不过，这里还需要提醒各位特别是自我感觉有些文采的年轻同行，注意以下三点：第一，要“见人下菜碟”，即引用名言佳句特别是古诗文的时候，一定要注意领导的性格和文化背景。如果领导不是那种温文儒雅的人，而是一个言辞豪爽、喜欢说大白话的人，那就不要多此一举，否则会使人觉得领导在“说别人的话”，效果会大打折扣。第二，要看场合。有些研究具体工作的会议，只需要把任务和要求简单、清楚、扼要地讲明白即可，这时就没有必要再去“转”那些古诗文了，用平实的语言把事情说透即可。第三，不要“掉书袋”。名言佳句用好了能为文章增色不少，但我们的讲话稿等毕竟属于公文，而公文的标准文体还是“规范的普通话”，因此名言佳句只能是我们文章中提鲜的“味精”，用上一点让文章“增加风味”即可。如果在一篇文章中大量出现这类东西，就相当于把“味精”用滥了，反而会让文章增加一层“堆砌”和“卖弄”的嫌疑，不利于树立领导的良好形象。

如果是我会这么写吗？

对刚入行的“起草界”新人来说，有时上手锻炼的机会太少。在这种情况下怎么办？我的经验是千万别让自己闲下来，一定要“自找苦吃”。

记得我刚刚成为“文字匠”时，主要任务是抄稿子，领导让我写上一小段稿子就是对我莫大的青睐。于是，我就在抄稿子之余，自己模仿着老同志写稿子，希望通过私下用点功，弥补“屈才”之憾。我知道自己还没有资格正式接受起草文稿的任务，于是就把自己练笔起草的文稿藏起来，等老同志起草好相同题目的稿子，由我来负责抄写的时候，有意识地对照着看。等到处长和主任修改后，我再琢磨他们修改的内容，然后对比我自己起草的东西，仔细体会他们为什么这么修改。

这种办法，我自己戏称为“偷师学艺”。只有亲自动手干了，你才能真正沉浸在文稿中深入思考，即所谓“事非经过不知难”。在这其中，我每每反复体会“这篇稿子如果是我写会这么写吗”，然后根据老同志起草的稿子和领导改过的稿子，在心中总结得失成败。通过这种“全过程情景模拟式的练习与思考”，慢慢地我悟出了写各类稿子的一些套路，为后面进入实战打下了基础。

正因为有了这个基础，所以我成为我们那一批年轻人中“开窍”最快的一个。记得当时我的老处长夸我“悟性高”，其实我心里最清楚，我哪里是什么“悟性高”，纯粹是得益于“偷师学艺”罢了。

要敢于和领导沟通

在机关工作人员的眼中，上下级之间等级森严，似乎有一条无形的鸿沟。其实这真是多虑了。领导也是人，有时也会有说得不清楚或者不对的地方，只要你指出来，领导是能够接受的。

明白了这一点，我们就可以放下一个很重要的心结，那就是在领导面前只能唯唯诺诺，不敢向领导袒露心声。

敢于并善于和领导沟通，对机关工作人员特别是领导身边的"文字匠"而言，是一种极为重要的能力，如果不具备这样的能力，工作就会受到不利影响甚至误事。

我刚入行的时候，说话办事都比较冲。记得我刚参加工作不到一个月，就和当时的市体改委主任发生了一次语言冲突，非要逼着那位主任说出对我们起草的一篇稿子有什么具体的修改意见，而且要逐字逐句地说。当时我的话说得相当咄咄逼人，好在那位主任是位宽厚长者，没有和我一般见识，只是事后打电话跟我的老主任说："今天你们政研室来了个小伙子，说话挺冲的。"老主任放下电话后就把我叫到他的办公室，严厉地说："你怎么能这么说话呢？年纪轻轻连点礼貌都不懂！"我说："我如果不问仔细了，回来怎么改稿子啊?”老主任最后忍不住笑着说：“你连我都顶，胆子是挺大的。”不过，不论是我的老主任，还是那位体改委主任，后来都对我很好，从来没有因此让我难堪。

但和我一起进机关的另一位同志就有点吃这方面的亏了。他性格有些内向，平时不敢和领导交流，结果写出来的东西总是让领导不满意，以致后来影响了自己的进步。

我们都是领导身边的人，平时与领导接触最多，更应当与领导保持良好的沟通，否则就无法为领导提供满意的文字服务。这个道理其实是最浅显不过的了。但是据我观察，有些“文字匠”只有“内秀”，对外沟通则是个短板，这一点非常不好。当我走上领导岗位后，我在使用干部的时候，也特别看重沟通能力。我在当主任的时候，曾经在政研室内主办过一份小小的油印刊物，名字就叫《交流》。我直接写的发刊词，引导同事们把自己的观点写下来。大家一般都是写一两百字的小文，然后交给其他同事点评。由此，在单位内部营造了一种学习讨论的氛围。那时，我有一句口头语：“进了政研室都要没大没小。”意思也在于打破科层制的壁垒，营造一种宽松、活泼的机关环境。

如果你已经成为领导年轻“文字匠”干活儿的“大笔杆子”，那么与领导沟通的能力就更加重要了。因为如果在你这个环节不能和领导进行良好的沟通，手下的人又没机会直接面见领导，那样搞出来的材料非误事不可。这样轻则影响某一项工作，重则对整个团队成员的成长进步造成消极的影响，可谓是“兵熊熊一个，将熊熊一窝”。这样的例子我是亲眼见到过的，有的领导就是因为与上级沟通不畅，结果上级有材料交给别人去写，而他的团队被晾到一边。没稿子写的日子一长，这个团队就变成了“冷锅冷灶”。所以说，一个称职的“大笔杆子”必须要为与自己共事的团队成员着想，即使自己再不情愿，也必须敢于和善于与领导经常进行深入的沟通。

与领导沟通，一要敢说话。二要会说话。很多时候与领导进行沟通要设法营造轻松甚至是不经意的氛围，看似是随口一说，其实已经过了深思熟虑。三要有腹稿，即事先要把准备向领导请示汇报的事情在脑子里想清楚，并且要设想出领导可能怎么回答，以及在领导回答后如何进行进一步的追问。另一种腹稿，则是见领导前先准备几套方案，在与领导交流时把几种方案都提出来，并且帮助领导分析权衡，最终让领导作出选择。如果你在与领导沟通前做足了功课，往往会收到非常好的效果。

和领导沟通不一定在很正式的场合。当年我组织起草市党代会报告，有一部分内容在市级领导层面存在一些分歧。有一天，市里几位领导在一起开会研究报告初稿，会上领导们为一些表述争执不下。正在这时书记起身去卫生间，我趁机跟了出去，在卫生间里对书记说：“党代会报告是个政治报告，快别在这些细枝末节上争论了。”书记说：“有道理。”于是他回到会议室后坐下说，党代会报告主要要体现政治性，一些具体问题可以在其他的会议上再讲。这样一来，大家就不再争论，很快就报告的起草达成了共识。

逻辑层次最重要

曾经有人问我：“写好一篇稿子最重要的是什么?”我的回答是：“逻辑层次最重要。”

在写一般的文章时很多人非常看重语言的生动和修辞的华丽，但公文不同。公文是机关中用来指导和推动工作的“官样文章”，必须老老实实地“有一说一”，把要布置的工作一条条、一件件地说清楚。要做到这一点，最根本的一条是逻辑清楚。

所谓逻辑清楚，就是在起草文章的时候要分清主次和先后，在动笔之前先捋清要写的主要内容之间存在什么关系，哪一部分是另一部分的由头，哪一部分是另一部分的后续工作，等等。

要做到逻辑层次清晰，最简单也是最笨的办法，就是“开中药铺”，在每个层次上都分出“一、二、三”，下面还有“（一）、（二）、（三）”，再下面有“1、2、3”，如此等等加以阐述。“开中药铺”固然不好，但是这种思维方法最大的特点是管用。很多时候，我们在写稿子的过程中不妨在打腹稿时多列出几个逐层嵌套的“一、二、三”，这样可以帮助我们把文章内容的轻重缓急和前后逻辑关系弄清楚，等到正式写的时候再将腹稿中的“一、

二、三”隐藏起来。这样一来，文章的起承转合与逻辑层次就会变得清晰起来。

这里需要注意的是，我说的这种“开中药铺”的办法实际上是一种思维训练，并不是要求我们在写稿子的时候层层嵌套地罗列“一、二、三”。如果是起草只供阅读的文件，有几层嵌套问题还不大，如果是讲话就万万不可进行类似的嵌套了。因为讲话是让人听的，同样念“yī”，下面的听众可无法分清到底是“一”还是“（一)”，抑或是“1”，这样层层嵌套肯定会让听众听糊涂了。

写稿子还是写工作？

很多人对我们“文字匠”有一种偏见，认为我们不能做具体工作。其实，这些人多数对“文字匠”缺乏真正的了解。“文字匠”的工作看上去仅仅是“写材料”，但材料的背后是实实在在的工作思路和举措。

有的人特别是来自基层一线的同志会说：你们这些“写材料的”都是闭门造车，让你们去接待个上访户，看看你们写的那套东西能用得上吗？这背后的道理“文字匠”都懂，无非是“过什么山唱什么歌”。我见过不少“写材料的”转岗到一线工作之后，处理这些棘手问题的水平并不比那些没写过材料的人差，而且有不少人干得更好。

再说，我们这些“文字匠”也不是只埋头写材料，有时也会直接处理一些具体问题。我就曾经处理过一个长达10年的信访积案，经过我一番“写材料的”特有手法，通过“文来信往”，成功地运用法律武器将这一案件彻底化解。

所以说，“文字匠”的工作表面上是与文字打交道，但实际上研究的不是文字而是工作。而且要看到，机关里的“文字匠”

在“写材料”的同时深入地“研究工作”，往往比单纯忙于事务性工作的人更有条件学会做好工作。原因有如下几点。

第一，“文字匠”大多在一个地方或部门的核心岗位上工作，因而有大量机会接触各类信息特别是高层次信息，思路会更加开阔，思考问题的水平和层次自然会得到提高。特别是为了写好一篇稿子，“文字匠”手中会掌握一批正反两方面的典型，其中包含不少成功的做法和失败的教训，能够让他们从中学到不少实际工作需要的知识。有人说，“文字匠”提拔快，这里固然有这些人在领导身边工作，领导比较熟悉，容易进入领导视野等因素，但文字岗位对一个干部的锻炼和提高，也是一个非常重要的因素。

第二，“文字匠”出于工作的原因，大都学习非常勤奋，因此往往知识广博。有了这样的知识积累，再加上勤于学习的习惯，使得他们转岗到专业岗位之后一般都能很快适应角色，成为工作的行家里手。

第三，“文字匠”是一个熬人的苦差事，在这个艰苦的岗位上有过历练，可以养成雷厉风行、不怕吃苦、敢打硬仗的过硬作风。有了这种“拼命三郎”精神，到了其他岗位用不了多久就会打开局面的。

第四，做好文字工作离不开深入的调查研究。有了深厚的调研功底，我们如果从事具体工作相信也能很快摸到实情、拿出实招。

所以说，“文字匠”表面上看只是“写材料的”，实际上“写字”本身就是“谋事”。这些人如果被放在实际工作部门应该不会比其他同志干得差，甚至在很大程度上会比其他同志干得更好。

你是领导带的“研究生”

干我们这一行“甜”在哪里？很多同行会提到，我们提出的工作思路通过为领导起草的文稿，直接变成了决策，在那一瞬间，作为一名“文字匠”会有一种职业成就感。如果这时领导再表扬几句，那顿时就觉得付出的所有辛苦都是值得的了。这便是第一种“甜”。

第二种“甜”是来自基层和其他部门的重视与赞扬。当然，我觉得与其说是基层和其他部门对我们的赞扬，不如说是对我们辛勤工作的一种钦佩乃至“怜悯”，我们万不可因此而飘飘然。

第三种“甜”，我觉得才是真正的“甜”。这种“甜”主要是因为我们有幸在领导身边工作，有着别人所无可比拟的就近向领导学习的机会。我曾经对我的同事们说过，我们这批人相当于免试入学、不交学费就成为领导带的“研究生”，这种机会别的干部想找都找不来。你说说看，这机会有多难得？

我曾经先后服务过多位领导，其中有的成为高级干部。通过与这些领导近距离接触，甚或是一对一的交流，我增长了很多见识。这种经历是一种非常宝贵的财富，最小的收获也是“见过世面，见过大领导”，不会对领导畏之如虎。

在领导身边做“研究生”，最主要的还是从为领导服务的点滴事情上学会如何处理政务。记得我第一次为领导提供最直接的文字服务是为领导起草在某份文件上要作出的批示。当时我还是个 20 多岁的小毛头，为了写好那个不到 100 字的批示，我反复阅读那份文件，仔细揣摩领导会如何作出决策，来来回回反复修改，竟然用掉了近两个小时。当领导最后亲笔批示完全采纳我的草稿时，我第一次感觉到自己开始真正接触政务。

后来，我为领导起草的各类稿件越来越多，涉及的政务服务领域越来越广，层次越来越高，不知不觉间自己的政治敏锐性也变得越来越强，我逐渐从领导的文字秘书提升到市委的政治秘书这一层级。到了这一层级，我除了要做好文字服务外，还要协调处理领导直接交办的具体事情，有时是一些相当敏感的问题，而在协调处理这些问题时，常常在工作的每一步都要向领导请示汇报。在这一过程中领导每一步作出的指示，可以说就是在手把手地教我。记得十几年前，领导接到一些关于某个干部的举报，专门让我带着几个人以调研的名义下去了解情况。当时我们每天调研回来后都是正、副书记俩人听我单独汇报，并且对下一步的调查方向作出非常具体的指示。后来，那个被调查的干部受到了党纪国法的处分。我就是通过这一次担任“钦差”，学会了很多在书本和文章中绝对学不到的工作方法。

还有一次，我跟随领导处理一起涉外事件，这次工作经历让我学会了一些处理这类问题的本领。后来，在一次面向全球招聘外事岗位干部的考试中，我作为命题人直接把这件事改编成了一道面试题，专门用来考察涉外干部的应急管理能力。这也算是一个意外得到的收获吧。

所以，机关里的“文字匠”苦则苦矣，但真的是苦中有乐。最大的收获其实莫过于在领导身边当了几年“研究生”，不仅不交学费，还有工资可挣，你说赚不赚？

工作计划与工作日志

机关里的“文字匠”也是普通机关干部，有必要养成机关干部应当具备的一些好习惯。其中一个重要的习惯是平时制订工作计划和每天撰写工作日志。

我曾提到在电脑中保存原稿的格式，即“稿件名称＋日期”，分年度设立文件夹，在文件夹中按时间先后排序。这种积累原稿的方式有一个小毛病，那就是时间一长容易忘记文件名，到了需要的时候找不到。解决这个问题的办法就是每天撰写工作日志，通过查日志找到文件名。

制订工作计划是机关中常用的管理方式，不过多数是单位行为，而且很多时候不能全面落实。至于个人制订工作计划，在一般工作人员中并不普及。不过，我觉得在工作中还是要强化自律意识，主动制订工作计划，让自己的工作变得有条不紊。有人会质疑：“你不是说过文字岗位都是被动领受任务，很少能够主动提前安排吗?”不错，我们的工作很难全部提前订出计划。不过对于每年在什么时间市委一般会召开什么会议，我们大致可以预测出一个轮廓性时间表。另外，“文字匠”的个人工作计划除了列入这些年度性工作任务之外，在平时更多地要涉及短期工作计划。如果是一般计划就提前一周左右制订，就本周内领导布置的起草任务列出清单，特别要标明文章交稿的最后期限，写完一篇稿子后就销掉一项任务。如果有临时性任务，就按照“倒排工期”的原则，将其插入已有工作计划当中。这样，就形成了一个动态性详细工作计划。尽管我们的工作是被动的，但计划是随时变动的，所以计划始终都与任务同步。有人可能会问：“你这个计划差不多每天都变，有什么用啊?”我告诉你，这个计划最大的用处就是让你在头绪众多的任务中分清轻重缓急，而且确保不会遗漏某项任务，同时确保不会误事。

至于工作日志就更有用了。早期我的工作日志都是记在一个小本子上，后来我每年年底都会用 Excel 表格制作下一年度的工作日志。这种工作日志大致分为几个栏目：××月××日、星期×、本日主要工作记录、工作计划、备注。这种工作日志只是用最简单的文字对每日工作进行纯粹白描式记录，主要包括主要工作内容、形成的稿件的名称，以及参加了什么会议、活动等。由于工作日志中完整记录了每天形成的稿件的名称，这就有了在有关各年度工作的文件夹中查找相关文件的线索。正因为如此，我直到今天还能找到 20 多年前起草的稿件，而且能够找到同一篇文章的不同修改版本。日志中有一栏是“工作计划”，这就是我刚才提到的动态性详细工作计划，每天完成一个销掉一个，同时把当天新接受的任务加到计划当中去，在每项工作任务后面都用括号标明任务截止时间。“备注”一栏相对比较自由，主要记录每日与什么人交流了什么事，有什么感受和体会，等等。

一般情况下，我每天会数次打开工作日志，每干完一件事会随手记在日志上，同时也可以随时查看未来几天的工作计划，确保如期把手头的事情干完。

有了工作计划的督促提醒，以及“备注”栏中第一时间记下的感受和体会，我可以经常沉下心来，对一段时间的工作进行系统总结。

讲话稿要避免“撞衫”

“文字匠”在筹备会议时，要考虑到不止一位领导出席会议并讲话这种情况。这个时候，就需要注意避免讲话稿“撞衫”。

最容易出现讲话稿“撞衫”的情况是党政两个“一把手”同时讲话。党委和政府的主要领导都有自己的起草班子，这两个起草班子平时通气的机会并不多，所以在起草同一个会议的讲话稿时，几乎同步进行，很容易讲出重复性的话。

一般而言，这种讲话“撞衫”不会出现在全委会和经济工作会这样的大会上，因为这些会议的讲话稿在起草之前市委和市政府的两个政研室之间是会直接通气的。在通常的情况下，两个政研室会各自分头准备两位领导的讲话稿，一般是书记讲认识和战略性思路，市长讲具体的工作部署，各自形成很默契的分工。在各自的讲话稿都出来一份初稿后，市委政研室会把初稿先报书记审阅，同时给政府政研室一份，让其掌握书记的讲话要点，确保在一些重要提法上与市委保持一致，同时避免内容“撞衫”。当书记审修过的稿子发回到市委政研室后，如果有重大修改，市委政研室也会在第一时间告知政府政研室，以便其相应地修改市长的讲话稿。所以，每年这类会议上两个“一把手”的讲话都各有侧重，又相互补充。

容易出问题的是一些部门性的会议。这些会议往往由各部门负责筹备，一般情况下，部门会把筹备会议的任务直接压到在部门的办公室或调研处工作的“文字匠”身上。这些部门的“文字匠”基本上是本着“县官不如现管”的自利心态，首先把主要精力投在本部门领导的讲话或发言上，同时代市委、市政府起草涉及本部门工作的文件，至于市领导的讲话，这些“文字匠”反而不大重视，因为他们也都知道，最后在政研室这一关反正要再进行修改。这样一来，给市领导的讲话稿中往往会出现一些问题，其中突出的问题之一就是“撞衫”。

这种部门性会议上领导讲话的“撞衫”主要分为两种：一种是两位市领导之间或者主要领导与分管领导之间在讲话内容上出现重复。由于市里的分管领导就是身兼其他职务的常委或副市长，这些人的文稿不由政研室负责，因此与政研室之间沟通的机会几乎是零，如果不注意的话很容易“撞衫”。另一种“撞衫”的情况是市领导的讲话与上级领导的讲话重复。有的在部门起草讲话稿的人极度不负责任，把上级的讲话直接抄下来送到政研室。我就不止一次地遇到过这类问题，但由于是其他部门的“文字匠”偷懒耍滑，我们也奈何不得。

为了避免“撞衫”，我在工作中时常提醒同事们一定要注意与各部门的同行搞好关系，遇到一些会议需要共同准备材料时，务必找相关部门索要其起草材料时所用的上级讲话稿或文件，以及他们为分管领导起草的讲话初稿。

能提前的尽量提前

我说过要随时调整自己的工作计划，而且要定出最后期限来，以此倒逼自己确定合理的工作节奏，确保不误事。但实际上我在工作中一般会打出一个提前量。这可能和我这个人的性格有关。我是一个急性子，不论交给我什么工作，我都会尽可能地往前赶，宁可前面加班后面休息，也不会前松后紧。而且，我把我的这个习惯也作为对我那帮同事的要求。我在单位中的一句口头语是：“掉过腚就干。”我体会到，即使这样干有时会做一些“无用功”，也比领导要稿子时临时抓瞎要好得多。凡事都往前赶，最大的好处就是“手中有粮心中不慌”，不管领导什么时候问“材料准备得怎么样了”，我都能马上拿出一篇成文的稿子供领导提出意见。事实证明，领导确实经常在布置了一项工作后不久就提出这个问题，如果不提前做功课，拿不出一篇基本成型的文稿，到时候肯定会手足无措。

一个单位的风气与这个单位主要领导的性格其实密切相关。我的这种性格在很大程度上也影响了同事们，所以整个单位干起活儿来都是风风火火的，天长日久锻炼了一支不怕急活儿累活儿、能第一时间拼上去打硬仗的队伍。这大约也是“物以类聚，人以群分”吧。

好稿子是改出来的

一篇文章的初稿写成之后，其实只是完成了起草的第一步。常言说“文无第一，武无第二”，说明写文章是一个“没有最好，只有更好”的过程，总会有新的、更好的想法取代原有的思路，只要我们还有时间继续深入思考，一定会找到更好的表述乃至更好的结构。实际上，我们在起草文稿的实践中经常出现自己写出一稿后不满意，随后就进行自我否定的情况。我写稿子的习惯是第一时间迅速写出一个初稿来，然后把稿子放一段时间，这段时间改其他的稿子，反正我平时的任务多，一般手头同时有两三篇稿子要处理。通过这种方式换一下脑子，然后再回过头来重新思考这篇稿子，这时往往会有一种似乎陌生的感觉，要抓住这种感觉不放。以一种略带陌生的视角重新审视稿子，经常会想到一些原来没有的观点或表述。这其实表明，我们的思想有了深化。不知各位同行怎么看，反正我有时挺享受这一过程。如果时间足够，我会重复这一过程。我曾经和同事们说过，写稿子需要“拿得起，放不下”，就是把一篇稿子放下“冷却”一段时间后重新拿起来再改，直到交稿的最后一刻。

改稿子也是一个统一思想的过程。这主要是指我们把起草的初稿送给领导和各有关方面征求意见，然后根据大家提出的意见再进行修改。这种征求意见的过程就是集中各方智慧的过程，也是统一各级各部门思想的过程。这种情况在起草诸如党代会报告、五年规划、每年的市委工作要点等重要文件时，表现得尤其突出。在很多时候，仅仅为了一小段表述，各方面都提出不同的意见，起草者要反复研究、权衡，经常要就某一个表述的修改专门向提出意见的领导或部门作出解释，个别时候甚至是说服。在这种情况下，起草者实际上已经不是单纯的“文字匠”了，而是参与统一思想、完善决策的“谋士”。

改稿子还是一个查漏补缺的过程。这一点最容易理解，因为匆匆写就的初稿难免会有一些技术性错误，如语法不通、错漏字等等。我们对文稿的修改，就如同文章编辑一样，要进行一番最后的审校。这几乎是我们写过的所有稿子最后要经过的一关。

修改一篇稿子的最低要求是“就稿子改稿子”。这种修改适用于一些比较简单的稿子，这类稿子一般结构、观点、表述等都比较成熟，没有太多创新性的东西，用我们的话来说，就是“应景的文章”。对于这类稿子，初稿写出来后不用太费心思，主要进行一些我前面谈到的查漏补缺的工作，然后就可以顺利交稿了。

更高一级的改稿子要求是“跳出原稿改稿子”。这一般是针对篇幅比较大的稿子，其起草难度和重要性都比较大。对于这类稿子，起草出初稿后一定要“拿得起，放不下”，一遍遍地反复斟酌，在观点和表述上努力出新出彩，有的时候甚至连部分结构都要作出较大的调整。记得我当年起草市党代会报告时，有一个自然段先后写了七稿，并且把最后一大部分的结构彻底推翻，写出了两个版本供领导选择。在我的文字工作生涯中，这种“跳出原稿改稿子”才是工作的常态，一篇稿子只要不到最后时刻，我总会惦记着还有什么地方需要进一步完善。

把心静下来

反反复复地对稿子进行打磨和修改，是需要很大的耐心和定力的。所以，“文字匠”应当具备一种素质，那就是能够把心静下来。

写材料这一行，心浮气躁的人干不了。在我接触过的各级各部门“文字匠”中，能够干出点成绩的都是能够潜心钻研、静心思考的人。

我的新同事们进入“起草界”之后，我一般会先安排他们到负责讲话稿起草的核心处室去锻炼。这样做有几个目的，其一是让新人一进入这个单位就知道什么叫吃苦受累，进而迅速地在工作中锤炼作风，养成不怕加班、不怕受累、不怕被领导拿着稿子批评的“皮糙肉厚”精神。其二是让年轻人在核心岗位上直接学习重要文稿写作，力争比较快地掌握各类文稿的写作路数，同时养成简洁、干净、干练的文风。前面这两条都属于一进入这一行就要系好的“第一粒扣子”，即从一开始就要养成一个好的作风和文风。其三则是我要通过这一环节观察干部。所有新进来的年轻人都到这个处室工作，我可以通过和他们一起研究稿子、一起加班乃至加班时一起吃饭的机会近距离观察他们，看看每个人是否适合在这一岗位上工作。

实事求是地说，每个干部的性格、能力等都有差别，把这些人全都放到核心岗位上去历练一下，其实也是对干部的一次筛选。我在筛选干部时，根据工作需要把他们分为四类：第一类干部性格外向，快人快语，乐于交流，但一旦交给他们一项任务便能迅速坐在电脑前进入聚精会神、深思熟虑的状态。一般情况下，对于这样的干部，我将其继续留在这个岗位上着力加以培养。因为在我看来，这样的干部有两大好处，一是善于沟通交流，二是能静下心来，只要把文字的功夫磨一磨，假以时日是堪当大用的。第二类干部性格外向，善于交流，但交给任务之后，他们根本坐不住，明明手头有活儿，可还是一会儿家里有事要请假，一会儿同学来了要陪同，手头的稿子匆匆写出来交给领导就再没心事了，典型的对稿子“拿得起，放得下”。对于这样的干部，我一般会发现后就将其从核心处室调离，安排其去做一点行政辅助性工作。因为这样的干部在文字岗位上基本上干不下来，他们自己也不可能安心做一名“文字匠”。第三类干部性格内向，不善言辞，但肯做老黄牛，不声不响地沉下心来自己写稿子。这类干部我一般也不会留在核心处室，而是将其安排在重要性相对次要的调研处室，专门负责撰写时间性要求不那么强的调研报告。这是因为，在核心处室里从事讲话稿的起草工作，首先要能沉下心来，但仅有这一点还不够，还同时要能够和领导、同事展开讨论，甚至是逼着领导谈思路，而不能自己一声不吭地埋头写稿。第四类干部性格内向，又内心浮躁，平时和人说话不多，坐在电脑前也呈思考状，但仔细观察一下会发现他们的心思并没有在写稿子上，而是走神摸鱼。对于这类干部，我一般就随便给他们找个边缘性岗位晾起来。因为，这样的干部实在是没法用。

我们这些在核心文字岗位上干下来并且“干住了”，甚至取得了一点成绩的干部，一个共同的特点是耐得住寂寞，能够一门心思沉浸到稿子中去，不受其他因素的干扰。当然，这并不是说我们这些人都不食人间烟火。只是一旦进入工作状态，那就全身心地投入，即使有特别感兴趣的东西也可以牺牲掉。记得 1998 年世界杯举行的时候，我领着处里的几位同事通宵加班，我们几个人事先定了一条规矩：干活儿的时候任何人都不准想着足球，不要说看，连听都不行。我那天加班吃晚饭时给家里打了一个电话，让家人替我看球，就是一旦进球就给我办公室打电话。所以那天晚上，我办公桌上的电话一响，大家同时喊一句：“进了！谁进的？几比几？”但兴奋一阵子之后，还是各自回到电脑前，心无旁骛地工作。

“文字匠”是一个“熬人”的差事，静下心来工作的精神是需要长期养成的，可以说是一种“修为”。有的人刚开始干的时候还能够静下来，但干了几年之后看到其他岗位的工作便心生羡慕，慢慢变得浮躁起来。这样的人，我在自己的文字工作生涯中也遇到了不少，有的主动提出来要调离这一岗位，有的则是我看到其已经“身在曹营心在汉”，不必强留，于是将其调整到其他部门去。我的一位同事曾经说，这样的干部都是“逃兵”，我觉得这话倒也说重了。

真正的“文字匠”都是长期主义者，这些人应当也必须慎终如始地把静心、敬业作为一种信仰。唯其如此，才能在这条路上行稳致远。

我们写的都是空话吗？

很多人觉得我们写的东西是一些空话。每次听到这类话，我都不会去反驳。因为，这些人都不是党政部门这个职业共同体中的人，跟他们解释也解释不清。考虑到本书的读者中有不少人是公务员，今天就利用这个机会为我们“起草界”说两句公道话吧。

其实，各行各业的工作最后都要通过语言把自己的设想和成果表达出来，只不过表达的方式不同。比如，医生就需要通过写病历来进行这种表达；科学家就需要通过写论文来表达。我们公务员的工作是为公众提供政务服务，更需要对不同层级的干部群众阐释我们的理念和主张，讲出我们的成绩和不足以及今后需要坚持和改进的地方。我们为此所表达出来的东西其实并非空洞无物，而是实实在在确有所指的。只不过，政治话语与百姓日常所说的大白话是两个话语体系，这就同医学术语、法律术语以及各类学术共同体所用的术语一样，都不可能完全等同于直白的日常表达。当然，政治和政务用语相较于各类专业术语要更接近百姓语言，否则就会脱离群众，就无法达成为民服务的目的。但是，“接近”不意味着“等同”，因为如果完全用大白话很可能“通俗倒是通俗了，但准确性不够，反而带来歧义”。

由于政治与政务话语体系接近百姓日常话语体系，因此评论政治与政务话语的门槛非常低，任何人都可以对我们进行臧否。有人说我们写的东西都是空话和废话，这有几个原因。

其一，我们承认有一些话不是说给百姓听的，而是讲给一定级别的干部听的。这些话在普通人听来完全无感，甚至是不知所云，故而觉得是空话、套话和废话。但如果你是领导干部特别是中高级领导干部，你就会立即明白这些话几乎句句都有所指，因此“空话不空”。因为我长期在领导身边从事文字服务工作，亲眼见过很多时候领导们为了几句这样看似“空话”的表述反复争论，因为这些话语的背后都涉及具体的工作。你可能会说：“既然这些话不是讲给老百姓的，就不要发出来给我们看了。”但你忘了一点，那就是我们的施政方针应当让人民群众知道并努力得到人民群众的支持啊！所以，这些话还是要说。当然，我们同时还会设法将这些话语进一步通俗化，进行深入阐释和宣传普及，这就是各级理论工作者、党校教师和基层干部的责任了。

其二，我们也不否认我们的文风会风存在一些问题，确实有一些话没有说到群众的心坎上，确实有些讲话是为开会而开会的“没话找话”。事实上，这些年我们一直在强调纠治“四风”，目的也在于从根本上减少乃至杜绝这类现象。

其三，我们的很多讲话和文件属于宏观指导。既然是宏观指导，那么面对千差万别的基层就不应该也不可能事无巨细都讲得一清二楚，必须为基层留足操作空间。这样一来，也会给基层和群众留下一种印象，那就是上级的讲话比较笼统，或者难听点说就是比较“空”。

面对这种指责或者质疑，一定要自己做到心中有数，要想明白我们“以文辅政”的工作价值。我曾经参与起草了青岛市的地铁建设规划，后来又参与过很多城市发展战略的起草工作，当年那些看似“空话”的东西，如今已成为一个个看得见摸得着的项目，在为这座城市和生活在其中的市民造福。看到这一切，我会由衷地感受到我所从事工作的价值。

“空话”不空，真的。

谁也不是天生的“笔杆子”

生来就喜欢干文字工作的人或许有，但绝对少之又少。如果不信，找一批机关里的干部，让他们随便挑选工作岗位，大概率是都想在领导身边跑前跑后做一些具体的事务性工作。走上文字岗位基本都是被动的，尽管现在招录公务员的考试中必考写作，而且占总分的比例不低，按说这些人都应该能写东西，但事实上好多人仍旧不愿意干这个活儿。原因无他，就是动脑子比跑腿儿实在是累多了。在同行眼中这项工作固然有价值，而且更有机会使自己的思考与表达能力得到更好的锻炼，从而能够在同龄干部中更快地脱颖而出，但由于实在是太累，很多人对这项工作谈不上热爱，甚至直言不喜欢。如果有机会，还是想干上几年尽早转岗。

同样在机关工作的非“起草界”人士，对这一行的情感其实比较复杂，这里有对“文字匠”思考和钻研能力较强的敬佩，有对这些人工作辛苦的尊重，也有对这些人提拔较快的嫉妒。我就遇到过一个干部在竞争上岗未能如愿时对我发牢骚说，也不能光看一个干部是否能说能写。言外之意，能写东西的人并不比别人在提拔使用中更有优势。但如果让后者来干文字工作，相信多数人会说没那本事，实在是干不来。有些干部即使当年考公务员的时候写作成绩不低，但有几年不动笔，再让他们写个东西，一个个都叫苦不迭。

我长期从事文字工作，的确从中受益良多，不用说别的，只说提拔使用吧，我就比不少同龄干部走得更快。后来我离开了文字岗位从事其他领导工作，在提拔使用干部的时候仍旧非常看重干部的文字表达能力。这是因为，机关工作的运转协调主要是文来函往，靠的就是“脑瓜子、嘴皮子和笔杆子”。一个干部的文字过硬，表现为写得一手好材料，但背后反映出来的是这个干部思路缜密、头脑清晰。换言之，一个干部如果能写会说，并且能说到点子上，那么干别的也不会差。

有人会说，有的人天生写东西不行，但不代表工作态度和工作能力不行。其实，这基本上是歪理。世界上没有人天生写东西不行。一个人能写东西，说到底还是在于两方面因素。首先一个因素是“勤奋”。同样一批年轻干部来到机关，有的干部选择了随遇而安，分配给什么任务就干什么，遇到写东西这种需要出力的“分外工作”，总是设法找个借口躲开，这样一来二去，即使原来在考公务员的时候还能写点东西，到后来就把这点本事还给姥姥家了。有的干部却选择了勤奋工作，能够主动给自己肩上压重担，冲上去抢着出这份力，即使写得不好，但仍旧一次次努力，终于成为机关里公认的“笔杆子”，得到领导和群众的认可。其实，机关里的多数“文字匠”也并非一开始就被分到文字岗位上，但不管在哪个处室都有文字任务，老同志一般会让新来的年轻人写点东西。有些年轻干部就通过这样压担子，最终脱颖而出，被领导发现后安排到专门的文字岗位上去，于是一个个“文字匠”就这样出现了。这些“文字匠”身上表现出的勤奋，说到底其实就是工作态度。

再说另一个因素，那就是“悟性”。这里多少有一点天赋在里面，有的人表达能力强，反应迅速、头脑敏锐，把一项文稿起草任务交给他，他能够迅速厘清思路，准确、清晰地把要表达的东西说清楚、讲明白。这说明这个人有本事，工作能力强。有人会说：“我写作能力不行，但其他能力很强。”听我说，机关里最需要的就是思考和表达的能力，即使有的领导干部不能写，但如果你近距离观察他，就会发现他非常善于思考，能够出思路、出观点，并且也能说出来。如果一个干部在机关中工作，开口不能说，提笔不能写，那就是工作能力偏弱，在竞争上岗中失利，确实应当心服口服。

所以说，文字能力是公务员的基础能力，作为一名年轻的公务员，要主动发掘和锻炼自己这方面的能力。一个干部要快速成长，最好能在文字岗位上摸爬滚打一番，把自己锻炼成为一名基本合格的“文字匠”，然后再转到其他岗位历练，到那时你会发现，这段经历是你职业生涯中一笔非常宝贵的财富。

讲话稿要避免“一竿子插到底”

按照一些人的设想，领导的讲话应该越“实”越好，最好“一竿子插到底”，直接向基层布置具体工作。其实，我们起草文件和讲话稿的时候恰恰要避免出现这种现象。按理说“一竿子插到底”是好事，但实际上，这容易带来几方面的问题。

其一，这种“一竿子插到底”会把决策的层级搞乱，进而影响整体的工作效能。我们的行政体制从本质上来说是科层制。在科层制的背景下，上级领导贸然越级干预指挥下级的工作，很容易使下级无所适从，这种情况在一些应急状态下尤其容易出现问题，导致信息梗阻，指挥失灵。

其二，这种“一竿子插到底”容易导致下级干部的工作能力和积极性受挫。试想，如果基层的决策都由上级越俎代庖了，那还要基层干部干什么？如果上级每次都事无巨细“一竿子插到底”，下级干部就会产生依赖心理，凡事都形成对上级的“等靠要”，从开始不用思考到后来不愿思考，最后发展到不会思考，原有的工作能力也会变得衰退。

其三，这种“一竿子插到底”容易导致工作脱离实际。因为信息在传导过程中会层层衰减，基层的情况和问题经过层层汇报，到达上级那里时很多东西已经被筛选掉，由此上级作出的决策很容易“不接地气”。比如要安排群众转运，只有基层干部了解每家每户的具体情况，由他们来具体指挥，往往更加得心应手。这时如果是上级来指挥，极大的可能是由于不了解第一手资料，最后变成蛮干和瞎指挥。

其四，基层的情况千差万别，头绪千丝万缕，而上级只有少数人，纵有三头六臂也无力全面顾及各方面工作。这样一来，如果试图“一竿子插到底”，势必会有所疏忽。同时，也正是由于基层情况千差万别，因此不能用一个方子吃药，必须给基层干部一定的操作弹性空间，而要做到这一点，就要求领导不能讲得过于具体。

作为服务领导的“文字匠”，对这一点务必了然于心，千万不能自作聪明，从主观臆断出发在讲话稿中为领导写上一些对基层极为具体的工作部署，除非是领导专门为解决一个地方的某个具体问题而召开的专题会或现场会。一般而言，包括领导到基层去调研时，我们为领导准备的讲话稿要给基层的操作或落实留有余地，更多的是对基层把方向、定目标、提要求，有些话还得稍微笼统一点说，这样才能更好地帮助领导树立起亲民、务实，而不是“下车伊始，哇哩哇啦”的形象。

不要只有“匠气”

我们是“文字匠”，但绝不可养成片面追求“匠气”的习惯。

我在专业文字岗位上工作的时候，非常注意有意识地把“工作语言”和“生活语言”分开，努力避免语言中沾染上机关文字中“八股”的“匠气”。

在这方面，我对新入行的年轻同志有个小小的建议，就是平时在写作讲话稿、文件等公文的同时，一定不要忘记我们还有一套生活话语体系和文化话语体系。如果有机会，不妨权当作换换脑子放松一下，读一点与机关公文无关的闲书，写下一点属于自己的文字，如小散文、随笔、诗词等等。这样做，有利于我们摆脱机关“八股”的“匠气”，让我们身上的标签除了“文字匠”之外，还有其他的东西。比如，我们可以在“文字匠”之外，自娱自乐地当“老干体诗人”或者“段子手”之类的人。

做到这一点，对于成为一个真正的“大笔杆子”是非常有帮助的。如果我们注意一下就不难发现，机关里的“官样文章”所用的词汇和语言其实相当枯燥和贫乏，无非是“强化”“狠抓”“搞好”“进一步”等等，除非是上级用了一个新词汇，下面才会争相仿效。所以，如果我们能够始终同生活话语体系和文化话语体系保持紧密的联系，我们的语言就能够源源不断地得到滋养和补充，变得灵动而鲜活。

更重要的是，由于语言是思维的工具，当我们的语言变得丰富起来的时候，我们的思维更容易得到发散，这对我们不断解放思想、创新思路都大有裨益。

当你的思想因着灵动而鲜活的语言变得丰富和充盈起来之后，你会惊喜地发现，自己开始不再是一个只会说“官话”的苦哈哈的“文字匠”，而真正成为能够出思想、出观点的“大笔杆子”。

坚持住，跨过“极点”

每个“文字匠”几乎都会遇到这样一个阶段，就是觉得似乎会写了，但有时回过头来看自己刚刚写完的稿子，又觉得不满意，似乎是越写越不会写了。另外还有一种情况，就是干了三四年，觉得能够对大小稿子应付裕如了，忽然找不到努力方向了。如果这时再恰巧遇上干部提拔，这一拨里没有自己，更是觉得吃了这么多苦，加了这么多班，最后的结果却是个寂寞！于是，职业倦怠感随之而来。

这种职业倦怠感在我 20 多年的文字工作生涯中曾经也出现过。我和很多同行交流，他们几乎众口一词地说曾经有过这样一种经历，我觉得这可能是我们这一行都要过的“一道坎”吧。

我把这道坎形象地比喻为长跑中的“极点”。一般情况下，面对长跑中的“极点”，需要咬紧牙继续坚持，同时适当调整节奏，控制好呼吸，过一段时间这种难受的感觉就会过去。

我们从事文字工作其实也是进行一项“长跑”，不要指望一个冲刺就能取得成功，必须要经历这样一个克服“极点”的过程。当我们面对职业倦怠，甚至觉得要放弃这项工作的时候，请一定要扪心自问：“我还有潜力吗？我甘心就此止步吗？我如果再坚持一下是否会有新的进步？”实际上，我就曾经不止一次地问过自己这样的问题。

20 多年前当我还是副处长的时候，第一次遇到了“职业长跑”的“极点”。有一天，我拿着写好的稿子要交给主任，在去往主任办公室的路上一边走一边翻看稿子，忽然觉得这稿子写得太平了，表述和观点都是老一套，自己越看越不满意，于是转身回到自己的办公室，坐在电脑前发呆，心里非常乱。那一刻，自己明知这稿子应该改，但又改不下去。一时间，被一种沮丧和无力感包围着，感觉真的干不动了。后来，我硬着头皮把稿子交给了主任，主任倒也没说什么。第二天晚上加班时，我忍不住对主任说：“不知道为什么，现在变得好像不会写了。”当时主任盯着我看了一会儿，忽然笑着说：“好啊，你快要进步了！”说得我一头雾水。

然后，主任对我说：“你觉得自己不会写了，说明你前面这一阶段的稿子已经到达了一个层次，现在所谓的‘不会写’，其实是你自己意识到要上到一个新的层次上了。‘对自己不满意’恰恰是进步的动力，所以说你快要进步了。现在的关键是坚持，下更大的气力去学习，千方百计寻求突破。”我当时一下子被他的话点醒了，开始有意识地和自己较劲，最终用了大约半年的时间使自己的文稿起草水平实现了一次进步。这种进步得到了领导和同事们的肯定，连我自己也觉得再写大稿子的时候比过去的底气更足了。

这次“跨过极点”给我带来的最大体会就是“极点”不是“极限”，只要咬紧牙关坚持，努力一定会得到回报。后来，我也用这番话激励我年轻的同事们，帮助他们顺利地跨过了自己的职业“极点”。

我遇到第二个职业“极点”是在 1996 年，当时我已经以副处长身份主持政研室最核心的处室有一年之久，恰好遇到干部提拔，而领导让我继续以副处长身份主持工作，把处长的名额给了一位年长的同事。说句老实话，当时我觉得“挺冤的”，因为那位同事提拔成了处长也只是挂名的，无缘参加处长会，我这个主持工作的副处长却要参加处长会并且承担最重的任务。在那一刻，我的头脑中闪现过一个念头，不行就转岗。那段时间，我的情绪多少有些低落。还是主任看出了我的心思，有一天晚上他把我们夫妻叫到一起，在一家小饭馆里吃饭，饭桌上语重心长地对我说：“你还年轻，以后的路还长着呢。干与不干全在一念之间，再坚持一下，所有人都能看得见你。”

那天饭后，我想了很久。是啊，我付出的每一分努力大家都看得见，同样地，如果我自己躺倒，所有人也都看得见。主任说得对，“干与不干全在一念之间”。想到这里，心里忽然通透了起来，于是在心里对自己说：干！

我的主任也是我尊敬的兄长，每一次都是他的提点，让我在关键时刻坚持住，从而顺利地跨过了职业的“极点”。

引用与转述

我们在写文章的时候，不可避免会用到他人的话，特别是撰写讲话稿以及各类典型经验材料之类的“非文件性公文”时，更是要经常用别人的话来增加文稿的说服力或吸引力。这样就产生了一个技术性问题，那就是怎样借用别人的话。

借用别人的话，在形式上无非两种，一种是引用，一种是转述。所谓引用，就是原汁原味地拿过来用。所谓转述，就是把别人的话变成自己的话，以第三人称的方式说出来。这两种方式在公文中具体使用哪一种，要视情况而定。总的原则是，如果是指明借用某个人的话，那么最好原汁原味地引用；如果是泛指某一类人的说法，则可以使用转述。

在实际工作中，我们用得最多的其实是引用。这是因为，引用的话都是原话，能够最大限度地减少歧义。特别是用到领导人或上级的讲话以及文件时，必须一字不差地引用。如果是文件，还要加上文号。这一点千万马虎不得。很多刚刚进入“起草界”的“菜鸟”往往在这个问题上“崴脚”。有人可能会说，这种引用有什么难度，抄上去就是了。还真不是这么简单。引用的难度在于，你必须准确无误地找到上级最新的表述。要做到这一点，对没有从事过文字工作的人或者刚入行的人来说，是一件比较困难的事情。原因在于，领导的指示和要求是不断深化的，表述也是随时变化的，对某项工作的要求在不同场合下的讲话中都可能出现变化，如果我们不能准确地引用最新的表述，还在原来提法的基础上进行阐发，往往会出错。

这种引用的复杂性，如果不是干文字工作的人是根本想不到的。其实这也造成了这个行业以外的人对我们的一个最大误解。不少人觉得我们写的东西好多是“老生常谈”，其实要害全在于表述的细节中，对比这次会议和上次会议表述的不同，可以看出很多政策走向上的变化。如果不是中高级干部或者专门为领导服务的“文字匠”，是很难注意到这些细微的变化的。这也就是很多人“看不懂”文件的最主要原因。有的圈外人士会问：“注意这些提法的变化有什么用?”其实这种提法上的变化会直接导致政策措施的变化，有时一开始只是个别字句的变化，但“积跬步而至千里”，假以时日，实际效果就能显现出来。

正因为如此，“起草界”人士都要养成一种习惯，就是在第一时间学习上级精神，密切跟踪领导的每一次讲话，敏锐而准确地把握每次讲话中重要提法的变化，以便在起草文稿时能够做到完整、准确地引用。

除了引用上级的指示要原汁原味不走样之外，在借用某个典型人物的语言时也要采取引用的方式。“文字匠”在掌握典型时要注意，除了积累典型的做法之外，最好能积累一点典型的鲜活话语，这些话语用好了，能使文章增色不少。

相对说来，转述就比较容易了，只要我们了解有关情况，将其用我们自己的语言表达出来即可。但我要强调的是，在我们起草的机关文稿中，由于要求表述得规范、准确，实际上转述的表述方式用得要远远少于引用。

离不开的“四六骈文”

我曾经提到过“官样文章”中的“匠气”，似乎是对此深恶痛绝。如果你真的这么理解，那你就误解了我的意思。我提醒“文字匠”不要只有“匠气”，可从来没说不能有“匠气”。相反地，我认为“文字匠”必须具备必要的“匠气”。

“匠气”听上去不像是一个褒义词，但如果我们换个说法，也可以把它叫作“职业素养”或“职业能力”，这就与“工匠精神”相吻合了，是个大大的褒义词。

各行各业都有自己的职业能力，“文字匠”作为一种特殊的“匠人”当然也不例外。对“文字匠”来讲，最主要的职业能力是写作能力。单纯说“写作能力”可能有一点空泛，我在这里不妨把它稍微细化一下，其大致上可以分为以下几种能力。

第一是思考能力。我们表面上写的是稿子，实际上写的是工作。要写好工作，必须站在领导的高度，像领导一样思考问题。

第二是概括能力。一篇稿子最好能总结出“几个必须”“几个一定”之类的东西来，让人感觉工作思路提纲挈领，非常清晰。即使有凑数之嫌，也比“满墙刷糨糊”要好得多。

第三是逻辑能力。一名“文字匠”，即使刚刚入门，也必须先学会“开中药铺”，知道写稿子要分出“一、二、三”来。

第四是准确表达的能力。我们的稿子中的每一句话都要严谨，不能用错概念，不能引起歧义，让人理解不清。

第五是优美表达的能力。我们既然是干文字工作的“匠人”，就应当像其他行业的“匠人”一样，努力“把活儿干得漂亮些”。什么是“漂亮”？写得美就是漂亮。什么是写得美？就是要体现汉语之美。在一定意义上，汉语可以说是世界上最美的语言。只有汉语可以将音节、语调统一到一个单独的方块字上，进而由这种方块字的组合作为载体，辅之以具有美术性质的软笔书法，形成对联、诗词这样工整而优美的表意方式，这大约是世界上最美的表达符号体系了。

一篇能够体现“工匠精神”的文章，其中一个重要的要素就是体现汉语所具有的音韵之美。我们这些“文字匠”在写稿子时，脑子里也要有一点这种表达意识。最直接也是最突出的一种优美表达方式，就是文章的标题工整，内容中有排比、对仗等。这也就是我们常说的“四六骈文”或“四六句”。有没有“匠气”？当然有，但平时你见过谁这样说话？别忘了，领导讲话是“具有口语特色的书面语”。既然是书面语，就要设法在书面上看着漂亮一些。

别忙着把稿子端给领导

如果你注意观察一名工匠，不难发现他在完成一件作品后要仔细检查一遍再交给顾客。我们“文字匠”也不例外，写好了一篇稿子后不要急着交给领导，要仔细检查核对，确保准确无误后方可交给领导。

检查核对什么？最起码的要求是检查核对有无错字和病句。但这里要说的是更高一级的检查核对，需要从具体的文字中跳出来，摆脱“只见木不见林”的状况，从全文的视角看以下几点。

第一，要看领导的意图都完整体现了没有。我们是为领导提供文字服务的，写出来的稿子必须首先符合领导的要求。常言道：“干活不由东，累死也无功。”我每次要交稿前，一定拿出笔记本，逐条比对领导的交代事项或者关于市委常委会会议内容的记录，看看有没有缺项漏项，尤其要注意是否有领导提出的最新要求，如果有遗漏，立即着手补上。另外还要注意，对于在文稿起草期间与领导沟通时领导特别强调的事情，一定要检查一下是否在文稿中进行了突出强调，如果只是简单提及就要进一步增加笔墨予以强调。

第二，要看基于领导的思维，考虑问题的几个角度都观照到了没有。领导思考问题时通常会考虑几个因素，即“上级怎么提的，基层怎么盼的，别人怎么干的，专家怎么说的，我是怎么想的”。我们在起草出文稿之后，需要对照这几个因素，看一下是否都有所观照，这样审查一遍会使文稿变得考虑更加周到，思路措施更有针对性。

第三，要看文章的结构平衡与否。一篇稿子特别是几个人分头起草各部分的稿子，在统稿之后，一定要再通读一遍，看一下每一部分是否有畸轻畸重的现象，如果有的话抓紧进行调整。

第四，要看逻辑关系清晰与否。一般而言，一篇稿子在起草前会详细列出提纲，因此逻辑关系不清晰这种情况不大常见。但是要注意的是，有时在起草过程中产生了新的思路，或者找到了新的可以支撑观点的典型事例，这就可能打乱原定的提纲，如果不留神就会影响到既有的逻辑关系。因此，负责最后把关的审稿人必须对照原提纲看一下，找到突破原提纲的文字，着重审查其存在从逻辑关系上看是否合理，如果逻辑关系不清晰，就需要重新思考其位置和取舍，把逻辑关系捋顺。

第五，要看所用的数字、术语和事例准确与否。引用的数字、术语和事例出现差错，这是稿子在最后审查时最容易被发现的问题。我曾经修改过一篇稿子，里面出现了一个化工厂的典型，其中提到了这家企业的产品名称。当时同事把稿子交给我之后，我凭着有限的有机化学知识，总觉得其中提到的化工产品的名字似乎有一点问题。于是让同事核对下面报上来的原始素材，结果也没有发现问题。我仍不甘心，又让同事给这家企业的办公室负责提供这一素材的人打电话，最后企业发现在上报材料时漏掉了这个产品的名字中的一个字。实际上，最后的文稿审核中经常会发现此类问题。

第六，要看有没有新观点、新思路、新表述。一篇像样的文稿是很讲究“出新”的。最后审稿人要看一下文稿中有无“亮点”，所谓“亮点”无非就是能够吸引人的新观点、新思路、新表述抑或新结构，总之是要有能吸引人的地方。如果一点亮点都没有，最好重新写过，免得自取其辱。

铁肩膀是用重担压出来的

文字工作是机关里最苦最累的差事之一，这种累有体力上的透支，更有精神上的透支。精神上的透支才是最苦的。

“文字匠”的精神透支包括以下几个方面：一是“文字匠”必须是个“万事通”。对于我们的工作所涉及领域的各项业务，我们都不能说不懂。于是我们就要花比别人更多的时间潜心学习各方面知识，了解各项工作的重点和进展情况，可以说是在从事一刻都不休息的脑力劳动，因此在精神上比其他人要透支不少。二是文字起草的工作性质决定了“文字匠”的工作几乎没有什么计划性可言。我们常常不知什么时候就来任务，而且一来任务就是急活儿，就如同急诊医生一样，随时准备进行抢救。但我们比急诊医生更悲摧的是，急诊医生下班后就不用管手头的病人，直接交给接班医生就没心事了，而我们即使下班后、节假日、去外地出差或者进党校学习，该干的活儿也还是躲不掉。尤其是现在通信手段发达了，我们更是休想逃脱。我在政研室干主任的时候定下过一条纪律，拨打手机三次不接的，要向单位做检查。我自己更是每天晚上睡觉时把手机调成振动模式后绑在胳膊上，预防睡梦中领导来电话交代任务。这种高度紧张的状态使得精神严重透支。三是“文字匠”要时不时地替人背锅。最常见的是一个部门写了一篇不像样的稿子，到最后时刻交到我们的手上，而我们根本来不及进行有效的修改。为了不误事，只能把一篇带有缺憾的稿子送到领导那里，而领导看了之后不满意，如果责怪这个部门，这个部门就会用“已经让政研室把关了”这句话轻而易举地把责任推到我们身上。还有一种情况，就是领导对某项工作不满意，有时也会把气撒在我们头上。这种情况时间长了，精神难保不透支。

说了这么多让精神透支的事，其实是要说清一件事，那就是干文字工作责任重、压力大，是名副其实的重担。

面对重担怎么办？一种选择是叫苦、逃避，想方设法不干，即使干了也是出工不出力。文字工作的出工不出力的标准和体力劳动不同，写材料的人所谓出工不出力，指的是把领导分配给自己的起草任务完成之后，看也不看就马上端给领导，然后下班之后该吃吃、该玩玩。用我过去的话来说，这就是给个稿子“拿得起，放得下”。我要求的出力标准则是“拿得起，放不下”。另一种选择是坚持、顶住，不惜代价地把稿子写到自己满意为止。有时来了有难度的稿子，敢于主动站出来领头写。这是任何一个想成为“大笔杆子”的人都要经过的历程。用老主任当年教育我的话来说，就是“年轻人要敢于挑重担，这样才有出息！”

现在回过头来想想我这 20 多年来走过的路，老主任的这句话始终是一个鞭策。没有当年的勇挑重担，也不会练出我后来能够担当政研室主任重任长达 9 年的铁肩。我也终于没有辜负前辈的嘱托，在文字岗位上奉献了一切，也收获了一切。

身体是第一位的

在外人眼中，机关干部每天都是轻轻松松的，虽说不能挣大钱，但工作既安稳又不累，是人人羡慕的。

但真实的机关干部每天是非常忙碌的，用现在一个时髦的概念来说，就是这个职业也“内卷”得厉害，各种工作、会议、学习等等，让人应接不暇。在机关干部这个群体中，“文字匠”是非常累的。正是由于这个缘故，我对所有同行的第一句劝告永远是：“身体是第一位的。”

年轻的时候，我仗着身体尚可，凭着一股拼劲儿，动不动就整宿不睡地加班，最长的一次是三天两夜基本没合眼，全靠香烟和浓茶顶着，实在困了就用冷水洗把脸，然后再回到电脑前继续干活儿。说来也怪，那时根本不觉得累，熬一个通宵睡一觉就恢复过来了。说句老实话，我过去曾经很为这一点自鸣得意。每次我带领单位里的同事们加班，不少年轻同事熬夜的本事还不如我，我那时没少笑话他们。

记得有一次，我领着年轻同事们在办公室里挑灯夜战，那几天连续通宵加班，每天补觉的时间很少。有一天又是通宵加班，几个年轻人实在熬不住了，到了凌晨四点直接在办公室的地上铺上一条床单躺下就睡。这可把我气坏了，我直接从自己的办公室冲过去，把几个人一个个用脚踢起来。我半开玩笑地说："你们几个小子年纪轻轻还不如我能熬夜！算了，给你们讲几个段子，让你们清醒清醒吧！"于是，我就开始搜肠刮肚地讲段子。没一会儿，整个办公室里一片欢声笑语，这时我大喝一声："快去干活儿！"

说起当年的加班，也是一件蛮有意思的事情。那时候真的不把自己的身体当回事儿，晚上要加班的话就到外面买几个尖椒和馒头，办公室里有酱油和香油，晚饭时用剪子把尖椒剪成小段放到饭盆里，拌上酱油和香油，就着馒头就是一顿饭。结果是我们这帮人的胃或多或少地落下了毛病。后来条件好了一点，就到单位附近的小饭馆吃饺子。

不过，睡眠和饮食无规律，再加上几乎无节制地接触烟酒茶这类刺激性东西，最后的结果是钝刀子割肉，把身体一点一点地搞垮了。慢慢地，失眠、高血压、胃炎等都上了身。最后，大约10年前的一天，我在连续48小时没躺下休息的情况下，身体的这根弹簧终于绷断了，我自感身体已经无力支撑起工作，于是主动向市委请辞。

所以，我以亲身经历给"起草界"的朋友们几句忠告：第一，能不熬夜尽量不熬夜。第二，饮食要规律，不管工作多忙，不要饥一顿饱一顿。第三，如果有时间，尽量锻炼身体。第四，要定期体检，不要忽视身体上的"小毛病"。

力争写出新东西

“力争写出新东西”，这是一条很高的要求，不是对新入行的同志们讲的，主要还是提醒干过一段时间，需要进一步提升的同行们。要把文章写出新东西，主要是指在立意、观点上能出新则出新，在结构上能取胜则取胜，在语言上能出彩则出彩。总之，文章要有独创性，只有这样，才能称得上是一篇高质量的文稿。

为什么要强调“出新”？实在是因为我们在机关的大环境下浸润的时间长了，语言和思路很容易被框框“框死”，写出的“官样文章”别说是让台下听讲话的人昏昏欲睡，连台上讲话的人也觉得没劲。常言说得好：“好话说三遍，鸡狗不待见。”同样的思路、观点乃至语言表述，几级会议都说得差不多，领导肯定不满意，因此务必要仔细动一番脑筋，下功夫写出一点新意来。

我曾经服务过一位领导，他的特点是不论什么讲话，只要稿子没有新意便一律打回来重写，有时还把我们叫到眼前，一边批评我们的稿子都是老一套，一边帮我们提出新观点。不过，经过他的这一番调教，我们养成了自我加压的习惯，不管什么稿子都努力做到“没有新意不出手”。几年下来，硬生生地把我们的水平逼了上来。后来，我们开玩笑说，连这样的领导都能伺候，别的领导就不在话下了。

怎样出新呢？根据我的经验，主要应从以下几个方面进行考虑。

一是文章的角度。这里主要是指通篇文章观察和考虑问题的视角。一般情况下，我们撰写一篇部署某项工作的稿子很容易就事论事，但如果我们把这项工作放在一个更加宏观的背景下进行阐释，往往会有另一种感觉。其实，这种角度的选取也有技巧，说破了还是“上级怎么提的，基层怎么盼的，别人怎么干的，专家怎么说的，我是怎么想的”，但在具体撰写的时候，一定要在这项工作与上级要求、对全国全省的贡献，以及基层呼声、外地经验、专家观点等之间找到合适的“接口”，然后紧密联系起来说。如此，文章的角度就能够写出新意来。

二是工作的思路。这其实不是仅靠研究文字就能实现的，必须对工作进行一番深入的研究。要做到这一点，我们自己闭门造车是肯定不行的，一定要和有关工作部门的同志共同研究。我的经验是，事先不打招呼径直找部门的一把手，围绕某项工作的核心任务“突然袭击”式地对其进行“开门见山”的提问，而部门领导在第一时间说出的任务，一般就是最重要的工作重点，我们只要抓住这个重点再参考有关材料进行延伸研究，就很有可能在工作思路上写出新意。

三是文章的结构。这方面出新不太容易。因为就如同万能讲话稿一样，机关里的各类文稿大多有一个“死套路”，这种套路很难被打破。但凡事都有例外，在我的文字工作生涯中就有过几次“不按常理出牌”，竟然收到了意想不到的效果，被众口一词地夸奖。当然，这种“不按常理出牌”的前提是你要有相当的底气，可以非常确定地判断出通常套路中的某一部分甚至某几部分可以略写或不写，然后集中力量突出强调某几个重点内容。一般情况下，这种结构的出新，事前要和领导进行充分沟通，只有在摸准领导的脉搏之后才能放手写来。

四是具体的文字表述。这方面出新相对来说比较容易，作为“文字匠”，只要肯动脑筋，弄出一点新概括、新排比之类的东西不是什么难事。另外，还可以活用一些成语、诗词、名言、警句等，给文章起画龙点睛的作用。

要攒下“金句”

“天下文章一大抄”不仅是可以的，而且是必需的。那么到哪里才能找到抄起来得心应手的素材？有人可能会上网查，但我发现仅仅从网上找素材还不够，甚至说远远不够。真想做到“天下文章一大抄”还需要下一点笨功夫，自己动手做笔记，攒下必要的“金句”。

关于“金句”，其实有广义和狭义的理解，最狭义的理解大约就等同于名言警句、诗词美文之类的东西，一般是一两句话或者一小段文字。广义的“金句”就不限于这个范围了，它既可以是一两句话，也可以是一段文字、一篇文章，有时甚或是一本书。我在这里所说的“金句”，主要指的是后者。积攒这一类“金句”，是一个需要动脑筋的辛苦活儿。

我在平时积攒这类“金句”是用最笨的办法，找个笔记本自己动手抄写。需要说明的是，这种“抄写”不是一字不差地抄，而是有选择地进行加工。大体而言，这样积攒的“金句”可以分为如下几类。

第一种是上级文件和领导讲话。这些素材我一般会在第一时间进行学习，这种学习可不是各单位走形式、串皮不入味的“学习”，而是真的为了工作而进行的学习。通常情况下，重要的文件和讲话都有完整的纸质版，我会先在纸质版上把一些重要的表述和概括画出来，而且会用不同颜色的笔进行勾画，以便更加醒目和方便分类。（注意：这是我自己感觉非常好用的一个技术，就是用不同颜色进行分类。所以，我的手边总是有不同颜色的笔。）然后再把这些勾画过的重要表述和概括稍加提炼，将标题抄在笔记本上。比如，在文件中看到一串类似“三个必须”的排比式表述，我就会在纸质版的文件上将这三个“必须”画出来，并且依次给它们标上（1）、（2）、（3）。然后在笔记本上只写出文件名及这三个“必须”在哪一部分和哪一段。实际上就是把笔记本变成了一个文件索引，勾画好的文件和笔记本都放在案头。各位不要笑话我们，我们的案头上总是堆满了各种材料，而且一般不希望别人帮我们清理，因为我们会在这一堆文件中根据自己的习惯迅速找到所需要的那一份。

第二种是在各种报刊和内参上看到的一些好文章。这些材料不可能长期存放在自己手中，所以在迅速浏览一下文章内容后，我会在笔记本上把其中一些精彩观点和表述抄下来。这种“抄”也是有选择地抄，有的地方价值不大就用省略号带过，有的常用词汇会用只有自己才能看懂的代码替代。

第三种比较特殊，特殊之处在于我主要不是为了抄录某个观点或表述，而是抄录文章结构。就是说，有时读到一篇文章，发现这篇文章与同主题其他文章的结构不同，颇有新意且言之成理，我会把这篇文章的几级标题抄下来，以便在以后的文章中将其“化用”为我的东西。

我从来不抄录成语和名人名言，因为有这方面的工具书。至于网上看到的那些“范文”，那都是给非专业人士预备的，我不会细看。

有人会问：“你把这些东西都抄在一个笔记本上吗？那样不会找不到吗？”我还真是都抄在一个本子上。我曾经做过卡片，后来发现做卡片太占地方，而且过于烦琐，实在是没必要。其实抄在本子上也不难找，就如同我们乱哄哄的办公桌一样，其实是乱中有序。自己抄过的东西大致在哪个本子的哪个位置，一般都能很快地找到。

但是，对于把这些东西抄在一个本子上，还有一个细节需要交代，那就是不管“金句”有多短，一定是每个占一页，这样找起来才方便。

用这种方法攒“金句”实际上是一个二次加工的过程，也需要动点脑筋。但是一旦养成了这种习惯，会带来两大好处，一是会在第一时间发掘出最有价值的观点和最新的表述，二是会对各种归纳概括和谋篇布局变得非常敏感。时间久了，就会“厚积薄发”，当让你自己写稿子的时候，你会不露声色地把别人的观点、表述、概括乃至文章结构眼花缭乱地用在自己的文章中，使文章写得更有新意。

多攒点“金句”，这也属于“平时多流汗，战时少流血”。

写“大稿子”要有历史方位感

对机关里的“文字匠”来说，不管其所处的地方或部门在哪个层级，都有自己工作领域的“大稿子”。它可能是党代会报告、政府工作报告等全局性、综合性报告，也可能是年度会议讲话等。对于这类“大稿子”的起草工作，一般来说主要领导都非常看重，因此给“文字匠”留出的准备时间会相对较长，而且在起草过程中会反复讨论并征求各方意见。所以，“大稿子”往往经过几上几下才能定稿。

正是由于领导格外重视“大稿子”，因此对各级“文字匠”而言，写“大稿子”无疑是一项非常重大的任务。对新入行的人来说，这类文稿宏观性较强，所以起草的过程中有时会有“老虎啃天无从下口”的感觉。那么，写这类文稿有没有一点窍门呢？其实还是有的。简单地说，这个窍门的核心就是“历史方位感”。

有的人会觉得“历史方位感”这个词太大了，他们会说：“在我们这样一个小单位里，年终总结会就是最大的会议了，这种会上单位领导的讲话也要讲出‘历史方位感’来？快别扯淡了！”先别忙着笑，听我慢慢说。

仔细想一想，任何一个地方和单位的“大稿子”都是涉及这个地方和单位全局的工作部署。只要是研究部署一个地方或单位的全局工作，一定要把这个地方或单位的工作放在更加广阔的范围内进行准确定位，这种准确定位其实就是本地区本部门工作的“历史方位感”。

写稿子本身就是写工作。既然研究工作时离不开标定“历史方位”，那么写稿子也就必然要注意写出“历史方位感”来。

判断一个物体的方位，无非是明确“上下前后左右”。同理，标定一项工作的方位也是如此，只要分析这项工作的“上下前后左右”就能准确找到自己所处的位置，由此找到新的出发点，然后确定一个小目标，研究阶段性措施任务。之后就是加强领导，狠抓落实，持之以恒，久久为功。想想看，一篇“大稿子”是不是主要就是讲这些？

明了了这些，后面再讲如何研究分析“上下前后左右”就非常简单了。这种研究分析的办法说白了就是一个词：比较。

所谓“上下”，主要是指与本地区本单位历史上的同类工作相比，属于纵向比较。一般而言，现在的工作会比过去做得更好，如果只是这样比较就没有什么价值了。纵向比较的价值在于发现趋势和规律，这样可以对未来的目标任务进行更有针对性的预判和部署，同时也有利于提振大家的信心。要想做好这类纵向比较，需要尽可能多地占有本地区本单位工作的历史素材，了解每项工作的来龙去脉。从这个意义上说，“文字匠”离不开经验，这也就是有些不错的“文字匠”刚到一个新地方往往不能一下子就上手写材料的原因。

所谓“前后左右”，一般是与同类地区或同类单位进行横向比较。这种横向比较有两个层面，一是宏观层面，就是比全面工作的综合性指标，如产值、税收等等；二是微观层面，主要是比某一项或几项单项工作指标，如全市有多少家三甲医院之类的数据。这种比较，一下子就能让我们看到本地区或本单位的工作在全国、全省或全市当中居于什么水平，我们要学赶的目标何在，其他地区或单位的长处有哪些，等等。通过这种比较，进一步确定未来的发展思路。我们在写稿子时，手头一定要掌握这种横向比较的数据和实例，而且对数据和实例一定要进行必要的审核，确保做到如下几点：一是要确保真正具备可比性，不能出现类似统计口径不一致等问题。二是要确保是“同类”地区或单位，不能让一个三四线城市的指标和北上广深相比。三是要注意不要以人之短比己之长，因为那样比较会使人产生虚幻的优越感，不利于激发干部的动力。

正是因为“大稿子”需要有“历史方位感”，所以我特别注意收集与各类“比较”有关的材料，乃至后来在给领导起草讲话稿时直接明确提出“寻标、对标”，以及“发展的历史方位”这样的标题来。

手机不离手不是什么见不得人的事

自从智能手机出现之后，骂手机的声音就从来没有消停过。不过骂归骂，身体还是很诚实，现在大概没有人不用手机了。可以说，手机已经成为必不可少的工具，甚至可以说是“身体的组成部分”。

作为机关里的“文字匠”特别是年轻的“文字匠”，应当也必须学会拥抱新技术，像我们在20世纪80年代学习电脑一样，最大限度地用好手机。老同志也不要学九斤老太，动辄批评年轻人“成天捧着手机”。

对“文字匠”来说，手机是一个非常好的工具，努力发掘其中的价值，有助于我们提高工作和学习效率。

我在使用手机时主要是使用如下几个功能。

第一，通过微信进行碎片化阅读。我的阅读量非常大而且阅读速度很快。其中的原因之一就是碎片化阅读。一般来说，我每年除了读上几本“大部头”之外，其余的碎片时间几乎都奉献给了手机。由于手机上的文章多是短小的，并且这些文章里的很多内容与我过去读过的东西是重复的，这就带来了两个好处：一是简单浏览一下就能迅速找到这些文章里的新知识点，其他的东西可以略过不看。这样一来，看一篇文章会非常快。二是这些文章中的大量重复性内容，在浏览时也免不了扫到眼里，这样实际上就形成了一种重复性强化记忆，于是我会更清晰地记住相关知识。有人曾经问我为什么脑子里能记住这么多书，我很真诚地解释道：书和文章读得越多记忆就越深刻，主要就是因为会有重复性强化记忆。同时，我还会把前一天的阅读内容发到朋友圈里，以便用微信的“搜一搜”功能进行检索。这样就把朋友圈变成了资料库，使“搜一搜”变成了检索工具。

第二，随时用好手机的记事本和录音功能。自从用了智能手机，我最早使用的功能就是记事本。平时看到什么东西或者有一点什么想法，第一时间就随手记在手机的记事本上，然后再分门别类、用不同颜色的笔抄到我手头的几个笔记本上去。另外，如果条件允许的话，我也会使用录音功能，把讲话之类的东西录下来，抽空再整理一下。当然，相比于记事本而言，录音功能我用得比较少。

第三，用好手机编辑软件。我在很早就开始使用 WPS 软件，基本上我们能用到的诸如 Word、Excel、PowerPoint 等工具，这个软件都能兼容。更重要的是，我们可以在台式电脑、平板电脑、电子笔记本和手机移动端之间使用同一个 WPS 账号进行随时切换，从而实现工作的无缝衔接。在智能手机出现前，我曾经把短信也当作编辑软件使用，那时写好了稿子，时间紧的话就拷贝到短信里，再用短信分段编辑，每段不超过 300 字，然后一段一段地发出。后来有了飞信，发短信就更方便了，同时也实现了电脑端与手机端的衔接。

第四，用好手机最基本的功能，即电话功能。作为直接服务领导的“文字匠”，一个很重要的素养是“呼德”要好。我的原则是听到电话响一般情况下不超过三声立即接听，收到短信、微信等信息都要第一时间回复。而且，本着对人尊重的态度，回复信息从来不发语音，都是使用文字。我在从事文字工作的那些年里，手机昼夜不离身，晚上睡觉时怕影响家人休息，都是把手机调成振动模式用橡皮筋绑在胳膊上，只要一有工作电话或信息就立即爬起来干活儿。

手机具有提高效率的优点，但辩证地看，这一优点也是缺点。这个缺点就是一旦被绑到手机上，我们的所有时间都会被它占满。这有点像哲学所说的“异化”，时间一长可能使我们自己变得过度紧张和焦虑，最终可能影响到身体健康。

怎样保存文件？

我们每年要写出大量的文稿，也会看大量的资料，对这些东西如何保存也有一个技巧。

说说我的做法吧。我每年看过的东西非常多，如书报、内参、公开性文件等等。对于这些东西我会边看边做笔记，做完笔记后就将它们清退。由于我基本上不保留书报杂志以及内参、公开性文件等材料，因此我的笔记本就变得比较有价值。

除了纸质版的资料之外，更重要的是电子文档。我从 20 世纪 90 年代初开始用电脑，在电脑中保存的文件都是按照年度编目录，同时在几种介质（如软盘、光盘、U 盘）上都进行备份。

我的编目方式大致是这样的：

第一，分出年度来，每年一个目录，其中保存的各类文件都是按从当年元旦到 12 月 31 日的时间顺序进行归目。有些文稿属于跨年完成的，如市委工作要点等材料，往往初稿的写作是在前一年的年底，定稿要到元旦之后。对于这样的材料，也是严格按照每一稿的完成时间归目，因为每一稿的最后都会标注完成的年月日，所以不会发生混淆。

第二，在年度目录下再建立工作文档。工作文档下再细分为如下几类：一是给我们所服务的每位领导每人建立一个目录，里面存放为每位领导起草的各类文稿的定稿。二是建立一个名为“文件”的目录，主要存放起草的各类文件的定稿。三是建立一个“录音整理”目录，里面存放经领导审阅过的讲话录音整理定稿，在这个目录下也按照每位领导的姓名建立下一级子目录，分别存放每位领导的录音整理定稿。四是建立一个“未定稿”目录，下面再按照前面的分类方法建立每位领导的“文稿”目录、“文件”目录、“录音整理”目录，在这些目录下的文件都是每次起草或修改的未定稿，严格按照文件名进行排序。这种排序的好处在于，每一个文稿的每一次修改稿都集中在一起，由于文件名中都有年月日后缀（如 20020703 等），因此时序不会出错。

第三，在年度目录下，在建立工作文档的同时建立个人文档。个人文档中主要包括如下内容：一是学习资料，把一个年度内读到的比较好的文章拷贝下来存进去。二是个人文件，主要包括个人年度总结或者填写的有关表格等，最重要的是每年的工作日志。

别忘了自己的角色

我们由于要“以文辅政”，因此在研究材料时讲究“关起门来当领导”。不过要注意的是，可千万别真把自己当领导了。

我们这些人是领导的“幕僚”，既然如此，我们的言谈举止就应当符合“幕僚”的标准。

这样的标准大概有这么几条：

第一是“站班伺候”，即时时刻刻在思想上不离领导左右。我们应当是领导身边最近的人，这种“近”并非是物理意义上的“近”，而是指我们的思想始终跟着领导的思想走，领导要材料时我们能“随叫随到”，做到第一时间报上去。

第二是我们的工作不分分内分外，只要是领导要求的，都是我们的分内工作。照说我们只是为领导提供文字服务，其他的工作有办公厅等部门负责。但需要注意的是，很多时候特别是领导外出调研的时候我们会跟随在领导身边，有时领导身边没有别的人，而其想起一项工作需要布置，我们就必须在具备办文能力的同时具备办事能力，帮助领导做好协调组织等工作。这一点对政研室主任这一类“大笔杆子”来说，显得尤为重要。

第三是当好“师爷”。这是我们的“本门功课”。所谓当好“师爷”，也就是给领导真正当好参谋。我们除了通过用笔写讲话稿或给领导提供调研报告等方式辅政之外，有的时候还需要就某些问题当面与领导进行沟通和讨论。要当好这种“师爷”，需要我们把功夫下在平时，注意积累和掌握大量的信息，随时准备接受领导的询问，及时就某些问题不失时机地给领导提出建议。有一次我陪同书记到区里调研，书记对某个项目推进的进度不满，我在平时工作中了解到那时各部门的审批效率不高，于是在书记面前为区里的同志辩白，说项目审批等程序耗时过长可能也是一个原因。当时书记转过身来责怪我，问我有什么根据这么说。回到机关后，我当天就找到一个项目的推进具体时间表，把项目名称隐去，然后报给了书记，并且特别向书记提出建议，要设法推进审批提速。后来，领导接受了这一建议，在全市力促审批提速。类似这样的“提建议”还有很多，这些都是通过和领导面对面沟通，几句话就给领导当了参谋。

第四是站在阴影里。我们是服务领导的人。所以，我们为人处世一定要低调再低调。这方面的反例我见过不止一个，就是依仗着自己是领导身边的工作人员，对下面颐指气使，甚至酒后胡言，既给领导添了麻烦，也影响了自己后来的发展。所以，我们一定要认清自己的身份，千万不要站在“高光区”。我们是领导形象设计师。既然要给领导设计形象，就更不能跟领导“抢镜”。我过去经常陪同领导参加各种活动，但我在这些活动中始终注意把握好以下几点：一是在公开场合不说话，有时即使领导问我有什么意见，我也不会公开发表意见，而是在和领导一对一交流时再把意见说给领导听。二是能不上主席台坚决不上主席台。记得有一次和书记一起下去调研，当时我跟区里的同志说，把我的座位和记者们安排在一起即可。三是与领导一起活动时坚决不出镜。每次陪同领导活动的时候，我都会站在摄像机的后面，目的在于突出领导的形象，自己甘居幕后。

写信息应该注意的要点

机关的文字工作中有一项重要内容是向上报信息，这大概是“文字匠”承担的最简单的工作了。但简单的工作不一定毫无门道，今天就说说写信息材料应当注意的一些问题。

信息一般都不长，多则几百字，短的只有几十字到一百多字。短稿子难写，一篇高质量的信息写起来也有一定难度。

信息有如下几个特点：第一是时效性。也就是说，信息中呈现的必须是第一时间需要让领导知道的事情，迟报的信息轻则无用、重则误事。第二是完整性。也就是说，一条信息必须完整地把一件事情讲清楚，不能只讲部分内容，把其他东西“贪污”了，那样会导致领导丧失对全局的把握。第三是准确性。这里特别要强调，能用数字表示的尽量用数字说话，对事情的陈述越精准越好。第四是简明性。信息必须短小精悍，能用一句话表述的绝不用两句话。这是一门挺考验“文字匠”的功夫，一名好的“文字匠”往往会得到一句挺重要的肯定性评价，那就是“笔下干净”。第五是真实性。这种“真实”，不仅是如实、准确地讲清事情的全貌，而且必须做到不偏不倚、客观公正，不受其他因素干扰。第六是统一性。一条信息不能出现逻辑矛盾，不能出现前后文表述不一致等低级错误。

基于上述特点，我们在撰写信息时需要注意以下几个问题。

第一，要起好标题。这一点最为重要。由于信息本身的文字不长，而且是专供领导决策参考的，因此领导在阅读信息时往往是浏览，如果信息的标题起得不好，领导在浏览时就会很容易“滑过去”。所以，在选取信息标题时一定不能玩弄文字游戏，必须做到开门见山、简明客观。一般而言，信息标题都采用平铺直叙的方式，将信息中最重要的那个点用最简洁的、高度概括的话语表达出来，让人一望而知讲的是一件什么事。

第二，要避免多中心。信息不是系统的研究报告或文件，要求的是快、精、准、短，所以要本着“一事一报”的要求，做到一事一信息，这样才能便于领导及时作出决策。有的事情后续还有发展，那就随着时间的变化和情况的发展，另外再撰写新的信息。

第三，要做到小而实。这就是我们常说的用短小句子，完整准确地把事情原原本本讲清楚，而且一般只陈述事实不作评论，也不讲什么道理，去掉一切“穿靴戴帽”的话以及讲意义、谈认识的话。除非这条信息就是要告诉领导下面对某个问题是怎样认识的。

第四，要做到高度聚焦。“文字匠”在撰写信息前要先把想要传达给领导的核心思想在头脑中想清楚，下笔的时候句句不离这个核心思想，用准确的语言把它说清讲透。当然，一般而言，聚焦的这个核心思想就是信息的标题。

第五，要做到文题对称。简单地说，就是不能在一个很大的标题下只讲一件很小的事，否则，就会造成“大头小身”。

撰写信息是机关里最简单的文字工作，也是“文字匠”入门的工作，但这又是一个锻炼基本功的“打基础、利长远”的工作，所以要认真对待，通过这项工作把笔下练得干净起来。

典型要怎么写？

这里说的典型其实是两类：一类是第三人称的典型，类似于新闻报道中介绍的先进典型。写这类典型，主要是介绍他人。另一类是第一人称的典型。写这类典型，主要是向他人介绍本地区本部门的典型经验。

写好一篇典型材料，大致要注意以下几个方面。

一是在谋篇布局上注意厘清逻辑线索。大体上讲，介绍典型经验的文章在谋篇布局上可以分为三种：第一种是并列式。这种写法主要是按照类别横向排列，即把典型的主要思路和做法分门别类地进行总结，给每一项工作起一个概括性的标题，然后在这个标题下写具体的做法。这种写法比较多地运用在介绍单位经验之类的稿子当中，也就是前面所说的第一人称的典型当中。第二种是纵列式。这种写法主要是根据时间线或人的认识逻辑演进过程进行纵向排列，也就是按照时间的先后或思维活动规律分阶段起好标题，写出一个典型成长、发展的历史脉络，或者一个典型产生、发展的来龙去脉，这种写法比较多地用于写先进人物或集体，也就是前面所说的第三人称的典型。第三种是混合式。这实际上是前两种写法的一种变体，通俗地说，就是在并列式的每一部分中再根据时间线或认识规律进行梳理，或者在纵列式的每一部分中进行类别性总结。

二是在运用事例时一定要具有典型性。典型的特点就是与众不同，所以在文章中运用的事例一定要与众不同，否则这个典型就“立不起来”。当我们准备着手写一篇典型材料的时候，脑子里一定要先想明白这个典型在哪些方面具有“独特性”，然后我们的所有撰写工作都要围绕着这些“独特性”展开。第一步是想清楚谋篇布局，第二步就是选取事例，一定要把最适宜表现“独特性”的例子牢牢抓在手上，然后想办法进行筛选和加工，选出最有代表性、最能说明问题、最能感染人、最能揭示事物本质的例子，放在材料的合适之处。对于有些事例的原始素材，还要根据文章的需要进行必要的取舍和加工，将一些与典型性、“独特性”无关的枝枝蔓蔓剪去，只保留最核心的内容，确保不会冲淡典型的说服力和感染力。

三是不要拔高典型或贬低他者。这里说的其实是典型经验材料的灵魂，那就是真实性。写典型，特别是写第三人称的典型最容易出现对典型不适当拔高的问题，这是写这类材料的大忌。因为，这样一来典型的可信性会大大降低，不但不会起到正面作用，有时反而会让人觉得典型有假大空之嫌。另一种情况就是不恰当地贬低他者，这同样要不得。很多年前我曾经改过一篇稿子，里面为了突出一个单位大刀阔斧改革的魄力，把其他同类单位说得一无是处。这篇稿子直接让我打了回去，要求起草人对这部分必须重写，否则这样的材料拿到大会上讲出来，势必让其他单位不服，会给全局工作带来不利影响。

四是运用鲜活的语言。写典型时不要大篇幅使用“官话”，而是尽量找出一些生动的语言来进行表达。相对说来，写第一人称的大会发言式的典型由于一般针对的是会议场合，“官话”不妨多一点，而写第三人称的先进人物或集体的典型，语言一定要鲜活。因为这种写先进人物或集体的典型材料最重要的功能是教育人，要达到这一目的，必须首先打动人，而要打动人，必须“说人话”，多用典型自己的话和老百姓的群众语言，有时还可以运用一些比喻的办法“把大道理讲活”。即使是第一人称的典型发言，里面也可以适当引用一些群众语言，以突出典型的吸引力和说服力。

五是标题要“抓人”。凡是典型材料都是具有宣传功能的文章，要进行有效的宣传，最重要的是要吸引人、打动人。一个“抓人”的标题，可以提纲挈领地对典型的最重要特质进行高度概括，让人过目不忘。不仅文章的大标题是如此，里面的小标题也要精雕细琢。我的经验是，不妨用一点“四六骈文”或者最能说明问题的鲜活语言。

六是“抓住几个点，切忌大而全”。对于这一点，新入行的“文字匠”尤其要注意。一个新手往往对全局情况不了解，所以觉得哪一块没写到都不行，结果往往把典型的“独特性”淹没在“大而全”的平淡叙事当中，导致本来可能很有说服力的典型变得“泯然众人”。所以，一定要有取有舍。

为领导准备采访稿要注意什么？

领导接受媒体采访时用的稿子可以分为四类。下面就分别说一说我们“文字匠”在准备这四类稿子时需要注意的事项。

第一类，是我们代记者进行全部采访和撰写工作而最终形成的稿子，这实际上是一份宣传通稿。这一类稿子又可以分为三种，第一种是以记者口吻即第三人的视角对本地区本部门的工作进行宣传的文章。这种文章相对说来最好写，基本上把本单位原来写过的典型经验之类的材料重新提炼一下，加上开头结尾，然后把人称从第一人称改成第三人称差不多就可以了。大致的路子是这样的：最近，记者来到某某地方，发现这里有什么好做法，于是采访了这里的负责人。据负责人介绍，近年来他们一直坚持……，走出了一条……的新路。记者在采访中发现，他们的主要做法是一、二、三、四，等等。第二种要复杂一些，就是把主要经验用记者提问的方式点出来的文章，全篇呈现记者与负责人之间的对话。当然，并没有真正对话，还是我们自问自答，但形式上是你问我答。这种采访稿要达到的一个效果是，通过记者的提问，把要宣传的典型性思路和做法都带出来。因此，对于设置哪些问题，如何表述这些问题，我们需要进行一番斟酌。第三种最为复杂，就是在严格设定记者提的问题和领导对问题的回答这一前提下，领导“出声出镜”地接受记者采访时所用的稿子。这种稿子实际上有点像剧本，记者和领导实际上都是演员，“文字匠”则是策划和编剧。这种采访与那种单纯介绍经验式的采访不大相同，为了显示领导与记者之间的良性互动和领导的亲民形象，在进行问题设置时一定要“说人话”，即尽可能用百姓语言就百姓关心的问题进行提问，并且要不失时机地向领导提出几个私人性问题（这也是“说人话”的体现）；在为领导应对提问所准备的脚本中也一定要“说人话”，并且要恰如其分地谈笑风生。写这种“剧本”是一件耗时费力的工作，其间要同记者和领导反复沟通。我曾经策划过这样的采访，前期准备用了一个月的时间，最后记者和领导基本上不脱稿地完成了出镜采访。采访结束后我又跟到电视台连夜进行编辑，第二天播出后效果很好。

第二类，是记者提出采访提纲，我们负责具体撰写的命题作文。这类采访稿的难度比第一类要大一些，这里有两个原因：一是记者提出的采访提纲会框住我们的文字，让我们有点“戴着镣铐跳舞”的感觉；二是记者的采访提纲中最关注的点可能并不是我们最想宣传的那个点。对于这样的新闻稿，我们要做到“以我为主，有详有略”，即在总体上尊重记者采访提纲的前提下，通过文字详略布局的摆布，将我们希望重点宣传的内容用较大篇幅展开，其他的内容则可以适当缩减篇幅，简单带过。这里需要注意的是，对于这样的采访稿，我们一定要与记者加强前期沟通，以求得采访提纲尽量达到我们的要求。对于记者坚持要提出而我们又不想重点回答的问题，要请示领导，由领导给出宣传口径，在这个总原则下，有分寸地撰写相应内容的文稿。

第三类，是记者直接采访领导，并且亲自动手写出初稿，需要我们进行审查把关的新闻稿。对于这类稿子，只要是在宣传口径内，原则上还是要尊重记者的想法，我们主要是做查漏补缺的工作，同时在必要的地方进行适当拔高或者低调处理。

第四类，严格上不能叫新闻稿，只能是答记者问素材。有时领导需要直接面对媒体进行直播式回答，这时我们要做大量前期工作，同时还要参与直播现场的台前或幕后调度工作。我曾经数次为领导提供这类服务，每次都高度紧张。事前要预估媒体和受众会在现场提出什么问题，并且针对这些假想的问题写出言简意赅的答案。记得有一次我陪同领导到北京接受中央媒体的网上直播采访，那次我仅假想问题及答案素材就准备了近 80 页，涉及城市发展和民生的方方面面。领导也是非常紧张，用了一个下午加一个晚上的时间逐条看这些假想问题和答案素材。

为领导准备谈话参考要注意什么？

机关里还有一类特殊的文稿，我们称为“谈参”，即领导会见客人时用的谈话参考要点。这类文稿在小单位以及“条条”单位中很少出现，主要是在大机关以及省市区等的“块块”单位中有可能遇到。因此，很多人甚至没有听说过这类文稿，圈外的人听说后甚至会对这类文稿产生一些误解，觉得现在的领导干部连话都不会说了，见个客人都要拿稿子，真是什么脑子都不用动了。其实还真不是这么回事儿，这种会见客人的“谈参”在很多时候是必要的，特别是“块块”领导干部每天要处理的事情非常多且杂。在这种情况下，领导干部很难把各方面情况都掌握得那么全面、深入，而要会见的客人来自国内外各个方面，相关诉求也各不相同，特别是“外事工作无小事”，尤其需要我们帮助领导干部把有关情况事先吃透，免得谈话时出现纰漏。

第一，“谈参”只是谈话参考要点，要注意“要点”的特点。一般来说，准备“谈参”都是列条目，而不是准备一篇“穿靴戴帽”“起承转合”俱全的小型领导讲话稿。对于这一点，新入行的人往往不明白，有时会密密麻麻写上一大篇文章，这就失去了

“要点”的特点。而且，这样写非常容易误事。因为“谈参”一般是领导在会见客人时放在沙发扶手上的两三张纸，领导见客人时不可能照着稿子念，一般就是用眼睛扫一下，所以如果写成一篇完整的文章，领导还要从文章中现找要点，这几乎不可能办到。所以“谈参”都是条目，每个条目用最简洁的语言把要说的意思讲清楚，不作任何展开，让领导一望而知。

第二，弄清撰写“谈参”的主要依靠力量。一般而言，需要领导会见的客人都是本地区的有关部门和企业邀请领导会见的。所以要充分发挥邀请单位的作用，要求邀请单位按照我们的要求提供素材。有时邀请单位提供的素材不清楚或者有疏漏，可以再用通过网络找到的资料进行必要的补充，但同时要与邀请单位联系予以确认。

第三，明确“谈参”要先说什么、后说什么。有的新手误把“谈参”当成讲话要点，虽然也是像“要点”那样列出条目，但条目顺序完全参考讲话时的结构顺序，这就属于没有分清主次。“谈参”完全是根据谈话素材的重要性来列出条目。一般来说，一开始要列出客人的基本情况及背景，然后要列出会见时客人会提出的主要问题及领导的回答要点，再之后要列出会见客人时注意避免谈及的话题，以及客人如果谈到这一话题时要如何应对，等等。后面才是简要的谈话顺序性提示。

第四，介绍客人的基本情况及背景。这里除了介绍客人的姓名、职务等基本信息之外，要注意着重介绍客人与本地的关系（如籍贯、亲属等），以及客人与本地政商界的联系，如果客人在本地有投资，还要简要介绍一下其投资项目运行的基本情况，特别是遇到了什么问题。这些内容都要用最简单的语言在一个自然段里写清楚。

第五，介绍客人可能提出的主要问题及领导的回答要点。这一条一定要由邀请单位提供，并且务必由该单位主要领导把关。回答要点往往是领导所作的简单表态。一般情况下，会见时邀请单位的主要领导都会在场，会客领导作简单表态后，邀请单位的领导把话接过去，往往比什么问题都由会客领导直接回答效果要好。

第六，列出会见时的谈话禁忌。这一条同样要由邀请单位主要领导把关，而且要用加粗字体标出，以引起重视。必要时我们这些“文字匠”还要二次把关，防止出现“被人挖了坑”的现象。

第七，在最后简单列出谈话程序性语言。大致包括：（1）表示欢迎。结合来宾背景介绍，拉近宾主距离。（这里真的只写“表示欢迎”这四个字，不必展开。）（2）介绍本地基本情况和发展环境。（3）就对方关心的问题我们如何解决作简单表态。（这里只作原则性表态或者划定几条底线，剩下的内容交给其他人特别是邀请单位主要领导来展开。）（4）表示感谢并希望深入合作。

第八，“谈参”材料文字要相对醒目，字体不宜过小，以便领导用眼睛一扫就能看清要点。

你的“八小时以外”只能“挤出来”

只要是机关干部就都知道，我们这一行基本上是不存在“八小时以外”的。

我们没有“八小时以外”的原因，说起来不外乎以下几条。

一是工作量太大。尽管我们天天讲要消灭文山会海，但实际上这一点很难办到。即使是压缩了一些会议，但相应的文字起草工作也少不了多少。注意，“文牍主义”是科层制管理体制和制度化管理方式必然形成的产物，这是个中性词，本身并不值得大加挞伐。如果我们的各项工作没有具体的文字性指导和记录，行政运转就没有依据，也无法留痕，“问责”也无从谈起，“责任政府”就无法实现。因此，各类文字性材料不可能像局外人想象的那样大幅度减少。面对庞大的工作量，有人可能会想：不行就多加几个人，每个人的工作量不就减少了吗？这同样是不了解这一行的情况。这一行与其他岗位不同，不是仅仅增加人手就可以消化工作量的。这是因为，文字岗位上不管有多少人写第一稿，最后都要汇集到一两个人手上统一进行审修把关。特别是给主要领导准备的文稿，一定是文字部门的一把手直接向主要领导负责，这样一来，下面再增加多少人也没用。更何况，机关里像样的“文字匠”本来就属于为数不多的香饽饽，想要通过增加人手减少工作量委实不太现实。

二是工作几乎没有计划性可言。文字起草工作的一个特点是临时性任务非常多。过去我的同事们跟我开玩笑说：“最怕你快下班的时候推开门走进办公室，每当你一进来我们的心都提起来了。只要你满脸带笑地开口说‘伙计们，来活儿了’，就知道今天晚上的睡眠彻底泡汤了。”此话确实不虚，这样的情况我就经历过很多次。最极端的是夜里十二点半和凌晨四点来电话要稿子，中间只给我短短的三四个小时的时间起草，不仅要按时完成任务，而且要高质量完成任务，工作压力可想而知。面对这样的工作压力，你倒说说看，“八小时以外”是不是一种奢望？

三是干这一行学习的压力太大。做机关文字工作的，一个首要条件是你要对自己负责文字起草的领域内的工作非常清楚，甚至极而言之，你对工作的研究要在层次上高于具体工作部门。只有做到这一点，你在起草文件或讲话稿时才能把工作说实、说准、说深、说透。要做到这一点别无他途，除了学习还是学习。所以，“八小时以外”的时间很大程度上要奉献给学习。

“文字匠”真的没有休息日吗？也不是，尽管多数周末和节假日要加班，但也有相对的“会议淡季”，如每年的八九月份会议要少一些。这段时间除来了紧急任务，大体上工作是可以按部就班地进行的。我过去曾经强令我的同事们在这段时间尽可能轮流安排休假，即使不休假也要放松一下紧张的神经。

在文字岗位上干的时间长了，其实是会慢慢摸出一些文稿写作规律来的。加之头脑中积累了不少素材，所以“老文字匠”往往也不怕来急稿子，到时候可以迅速调动脑子里的各种资源，用最快的速度完成一篇说得过去的稿子。这样一来，有时也能挤出时间来休息一下。当然，这种“挤出来”的“八小时以外”休息时间，对“起草界”人士而言属于奢侈品。既然是奢侈品，我还是提倡最大限度地用好它。

“挤出来”的“八小时以外”干什么？

难得的“八小时以外”用来干什么最好呢？我的答案是，最好用于如下几个地方。

第一，最重要的是陪家人。干我们这一行的，对家人亏欠最多。但是，我们这种工作的性质往往让我们陪家人也不能专心。比如有一次我好不容易在老人住院时陪个床，还把笔记本电脑带到老人床边，趁老人睡觉时改稿子，弄得医院里值夜班的医生和护士都好奇。他们忍不住问：“你们机关里局级干部还这么忙吗？”我笑着说：“我们和医护人员有一拼，没事就要值个大夜班，而且都是急诊。”把医生和护士都说乐了。陪家人也有个怎么陪的问题。有时间最好是亲身陪，如果真没时间，也要用心陪。记得孩子 16 岁生日的那一天，我正好要早早赶到单位加班，于是在前一天晚上悄悄给孩子写下了一封信，连同生日礼物趁着孩子早上还在熟睡的时候放在书桌上。孩子起床后立即给我发短信，那一句“谢谢爸爸”，也足以让我开心一整天了。

第二，做运动。我们这种工作往往需要我们在电脑前面一坐就是一整天，甚至一天一夜不挪窝，结果个个弄得“过劳肥”。

所以，我始终提倡在休息的时间里实行“积极的休息”，即多动身体少动脑，尤其不要把宝贵的休息时间用于“自残”，如蒙头大睡或者一醉方休。我如果晚上不加班，一般都会跑步或快走，赶上节假日能有空闲时间就去爬山，这时脑子可以短暂地放空一下，感觉非常好。

第三，培养点业余爱好。这也是一种“积极的休息”，可以换换脑子，也有利于把工作劳累带来的一些负面情绪排解掉。我的同事们有不少人有业余爱好，我对此大力支持，举凡琴棋书画这类雅趣，我觉得都是非常好的调剂生活与工作的良药。不过，有两点我是反对的。一是痴迷于业余爱好，以致影响了工作。二是把喝酒打牌当成业余爱好。我觉得这照旧是一坐就是半天不动，对身体不好。

第四，如果实在是没什么爱好，那我就建议你读点与工作无关的闲书。须知“闲书”不“闲”，艺多不压身，书到用时方恨少。有时一些看似无关的闲书，里面的知识说不定什么时候就能用上。我在办公室里除了文件和工具书之外，也放着一些自己喜欢的闲书，如哲学类、历史类书籍，以及诗词之类的书籍。有时为了换脑子，也玩儿票一般填个词。

另外，看个“大片”或者纪录片也挺好的。注意尽量别看电视剧，那玩意儿常常一整就是几十集，容易让你抽不出身来。但“大片”可以，因为都不太长，而且很多经典电影里面的一些内容说不定就是我们文字工作的素材。至于纪录片，那更有利于弥补我们不能亲身“行万里路”的遗憾，让我们能够不出门而知天下事。

你的思想属于组织

“文字匠”是纯粹的脑力劳动者，但因为机关里的“文字匠”又有“公务员”这一身份，所以不同于社会上包括高校中的那些脑力劳动者。与后者相比，机关里的这类脑力劳动者有着严格的纪律约束，提供智力成果属于职务行为，因此知识产权属于组织，代领导起草的讲话稿等文稿，知识产权也属于领导。对于这一点，我们一定要非常清醒。尽管在机关里的很多人明白这些东西出自我们的手笔，但我们仍然要把这些成果作为职务成果，这也是我们这一行必须要讲的“武德”。

我在担任文字部门负责人时，曾经为几件事大为光火，今天就说说其中的两件事。

第一件事是我的一位同事把我们正在起草的一份文件的内容改头换面变成了一篇文章在报纸的理论版上发表了。看到自己的名字变成了报纸上的铅字，又收到了报社寄来的稿费，他很是得意，沾沾自喜地把报纸送给我看。我当时一看，非常失态地拍桌子大骂：“你这是不想干了是不是？想到报纸上发文章就别在这里干，自己找地方滚出这个单位去!”我为什么这么生气呢？因为这种行为使我们的工作变得很被动。有的观点市委或领导还没有正式提出来，你自己却先说出来，令我们后面的起草工作失去了“原创性”。我们的职业道德要求我们要成为领导的形象设计师，所有原创性的思想必须属于组织和领导，绝不能将集体研究的思想成果据为己有，为自己谋取名利。

第二件事是我应宣传部之约参加一次会议，给几家中央及省市媒体吹风，介绍市委近期工作思路和下一步工作重点，以便它们在宣传时能够有的放矢。我在这次会上开宗明义地声明，这只是一次吹风会，供媒体下一步进行报道时参考，会议内容不得公开报道。但没想到的是，有一家省级媒体将我在吹风会上谈的内容以采访我的名义报道了出去。事后，我立即找到宣传部，将这家媒体拉入了我的“黑名单”。

这两件事情给我的触动很大，我意识到我们作为直接为领导提供智力服务的人员，必须无条件地把自己的全部思想毫无保留地贡献给组织，绝不能有任何私心杂念。未经领导允许，不该说的话一句也不能说，即使是自己的思考也要服从这一大的前提。于是，我在单位里规定了三条纪律，要求从我做起，所有人都要做到：未经领导批准不得以个人名义在媒体上发表文章，未经领导批准不得接受媒体采访，未经领导批准不得在外讲课。严格执行这三条纪律，有效地确保了我们的思想只服务于组织。

要多交几个朋友

由于我们平时工作压力极大，又经常加班熬夜，因此有人觉得我们是一群光知道忙工作的书呆子。其实，这是对我们天大的误会。我们也是普通人中的一员，也有自己的朋友圈。只不过，由于工作性质的原因，我们很难像其他岗位上的人那样没事儿还能三五好友聚在一起喝酒打牌。

我曾经说过，干好文字工作须具备一项重要的素质，那就是与他人良好沟通的能力。要想成为一名称职的“文字匠”，一定要能够交上一批朋友，以此拓宽我们的视野，增长我们的能力。

“文字匠”要广交朋友，但特别要交上以下几类朋友。

第一类，要“高攀”一下，交几个领导朋友。注意，我这里说的交领导朋友不是指抱领导大腿，搞人身依附，更不是投机钻营搞小圈子，而是说要有能力和领导敞开心扉进行沟通交流，真正设法和领导开诚布公地说心里话。这一点对文字部门的负责人来说至关重要，如果领导不能把你当成一个值得信赖的人，你是很难为领导提供满意的文字服务的。如果领导长期不能对你“放下面具”，像普通人一样随意地聊天，而只是板起面孔说“官话”，那么你根本无法了解领导的真实意图，时间一长很容易发生误解，到时候伤及的不仅是自己，也会伤及你负责的这个部门。与领导交友，贵在一个“忠”字。须知，我们是领导身边最近的“幕僚”之一，要做好“幕僚”，必须尽忠职守，凡事真心为领导着想，并且要让领导知道并相信我们对工作的这种忠诚。只有这样，领导才能和我们说心里话，从而形成良性互动。

除了要和我们直接服务的领导结成工作上相互默契的朋友之外，如果有条件还要结交一些其他领导干部。和他们交往，我们可以学习领导方法和工作方法，同时也可以了解更多有用的信息，掌握其他领域工作的前沿动态。

第二类，要设法结交几个基层朋友。我们也都是百姓子弟，自然少不了来自基层的亲友。我在这里想强调的是，要时刻提醒自己注意，有意识地倾听来自基层的声音，如果有条件，不妨深入到他们的圈子当中去。同时，还要有意识地结交一线的干部，经常听听他们对执行我们各项工作举措的各种反映，以便最大限度地避免出现“闭门造车”的情况。多年前我结交了几位街道办事处的同志和社区工作者，他们向我谈了不少我们政策制定中的问题。有个哥们儿直言不讳地对我说：“领导啊，你们是真不知道我们下面的难处，就知道坐在屋里小车造完造大车，最后造出了豪华车！”这句话说得生动又传神，我经常用它来提醒我们的干部。

第三类，要结交几个媒体朋友。媒体人特别是好的媒体人是我们“起草界”的重要老师。好的媒体人身上有三点值得我们学习，一是对新闻的敏感性。对于社会上发生的事情，他们往往能够在第一时间捕捉到，并且可以立即进行分析判断。二是清晰而生动的文字表达能力。好的记者比机关里的“文字匠”高明之处在于他们语言的丰富和生动，这始终是值得我们学习的地方。三是高超的策划能力。好的媒体人都能策划和引导舆论话题。我们是领导的形象设计师，也要学习媒体人的这种本领，通过我们的工作，在恰当的时候给领导出谋划策，进行形象包装策划。

第四类，要结交几个专家朋友。我们的工作性质决定了我们不仅要写稿子，更要研究工作。要研究工作，就必须知道专家是怎么说的。所以，我们要有意识地结识一批专家，经常同他们进行交流，让他们给我们出点子、出“提法”，不断丰富我们的头脑。

第五类，要结交几个同行朋友。“起草界”的同行可真不是冤家，而是同病相怜的朋友。这种同行朋友结交得越多越好，因为同行可以为你在第一时间搞到你最想得到的素材，同时如果与同行形成默契的配合，还有利于避免出现“文稿撞衫”问题。

写总结汇报材料如何谈问题不足和下步打算？

总结汇报材料大体上包括三部分，即第一部分讲成绩和经验，第二部分讲问题和不足，第三部分讲下一步工作打算或今后努力方向。这三部分当中，第一部分所占篇幅最大。这部分内容的写法，我在前面介绍写典型材料应当注意的问题时基本上都谈到了。这里主要谈一谈后面两部分的写法。

首先，说说怎样说问题、找不足。这一部分在谋篇布局上一般不采取纵列式，而主要是按照问题的类别采取并列式写法，这样逻辑关系会更清晰。这是因为，通常情况下，在一篇总结汇报中主要的篇幅是用来讲成绩和经验的，问题和不足所占篇幅要短很多。如果按照纵列式或者纵横混合式结构进行布局，文字上势必要进行比较大的展开，这在篇幅上是不允许的。

这里说的问题无非是这么几类：一是上级点到的问题。这里又分为两种，其一是面上的共性问题，对于这种问题，如果本地区本单位也存在，一句话带过即可；其二是上级明确点到的属于本地区本单位的个性问题，对这样的问题必须展开深挖一下，以回应上级的关切。二是基层和群众反映的问题。这类问题不能一笔带过，而是要有分析，因为这类问题往往也是上级关注的问题。三是自己在与先进相比之后查找出的问题。这类问题也要有分析，不可一笔带过。

对上面几类问题和不足的分析有两种写法。一种是讲完问题后，接着讲问题的具体表现和产生问题的原因。另一种是把所有问题及表现都说完后，再用一段话笼统地说一下原因。一般情况下，如果是以讲成绩或交流经验为主的总结汇报，通常可以采用第二种写法。但多数情况下还是以第一种写法为主，即对每个问题都分析原因。

讲问题的表现和分析原因时，除非是篇幅非常紧张，一般情况下要有数据和事例作为支撑，让人觉得分析得诚恳且言之有物。讲到原因时，可以讲一些客观原因，但更多地要谈主观原因。从主观上进行反思时，如果篇幅允许，最好也能举出数据或事例。

下面，再说说第三部分，即下一步工作打算或今后努力方向。这一部分在汇报中有两种处理办法，一种是写得非常简单，基本上就是点点题目，完全不作展开。这种办法在以总结会的方式进行汇报时采用得比较多。因为在总结会上作的汇报一般会有时间或字数限制，最后这一部分基本上就是一个简单的表态，所以一般几句话就结束。另一种是不进行简单点题，而是比较详细地展开讲下一步的工作打算。如果有预期指标数字和比较“亮眼”的工作思路，最好逐一列出，表明对下一步的工作思考谋划得比较实。这种办法在书面总结汇报中用得比较多。

话不可说满

我们在工作中要做到求真务实，表现在文风上就要把握好分寸，做到有一说一，切忌把话说得太满。须知，我们是通过文字为领导设计形象的人，如果我们在起草文稿时都是“高举高打”，甚至把“想法”当成“做法”来说，势必会把领导塑造成一个言过其实、夸夸其谈的人，对外造成不好的影响。

把话说满，甚至言过其实，是很多新手常犯的一个毛病。新手之所以常犯这个毛病，大致有以下几个原因。

第一个原因，也是最重要的原因，在于我们的眼界窄、格局低。记得我刚入行不久就遇到了这样的问题，那时我写稿子经常搜肠刮肚地想我们市在什么什么地方是全国第一，有时找不到全国第一就找“北方第一”，再不行就是“单列市第一”，甚至“全省第一”。每次写出这些东西来，自己还不免有些小得意。我清楚地记得，当时我们市的一座立交桥竟然让我找出了一个“全国第一”，我把稿子写好后交给主任，让主任直接教训了一番。主任说：“你找的这个‘第一’有什么价值？全国哪个城市没有立交桥，这还值得一提吗？这种文章拿出去，让人觉得我们没见过世面。照你这个说法，哪个城市还找不出几个什么‘第一’来？‘尺有所短，寸有所长’的道理你不懂吗？”当时把我说得面红耳赤。事后仔细想一想，主任说得非常有道理，这种写法确实有“孤陋寡闻”之嫌。

第二个原因，是个别领导喜欢这样讲。这里多少有个别领导干部个人吹嘘的成分。记得20多年前，我陪领导去区里调研，那个区的区委书记在汇报稿里把工作说得天花乱坠。当时给领导作汇报时，区委书记说他正在引进一个“口袋电脑”项目（2002年时还没有智能手机这类东西），它可以在一个手机那么大的终端上完全实现电脑所具备的功能，未来三年这个区的工业收入就能让整个城市的经济总量翻一番。记得当时领导反复追问：“你这个项目可能吗？”那个区委书记信誓旦旦地说：“千真万确，绝对没问题。”在从那个区调研回来的路上，车上的两位领导说起那个区委书记的这个项目来，都当成笑话一样，彼此议论道：“这也太能吹了，还‘三年能让全市翻一番’？”纯属是“振奋领导”。没过多久，那个区委书记东窗事发，“口袋电脑”项目也再无下文了，至于“三年能让全市翻一番”的豪言，早就踪迹全无了。后来，我曾经问那个区的机关文字工作负责人：“为什么这么写汇报稿？”这位同行告诉我，他们也知道这个“口袋电脑”的项目多少有点忽悠的成分，但区委书记坚持要这么写，他们也没办法。

第三个原因，是我们这些领导形象设计师太急功近利，会给领导帮倒忙。我曾经和另一个地方的同行聊起来，他就给我讲了一个发生在他身上的真实故事。当时他们那里刚刚来了新领导，作为文字工作者，在为领导提供讲话稿的时候，出于好意想让新领导一亮相就展示出新魄力和大手笔，结果写出了一大堆“最好”“前列”“领军”等词汇，新领导也不明就里，拿过来就用，结果后来这些“大手笔”都没有兑现。当地很多干部知道领导的讲话稿出自我这位同行的手笔，于是经常在一些非正式的场合拿这件事和他开玩笑。这件事多多少少损害了领导在当地干部心目中的形象。

避免这种情况的办法非常简单，就是四个字：“实事求是”。不过“实事求是”这句话说起来容易，做起来难。难就难在我们自己一定要有格局、有定力、有胆气、无私心。

怎样写活动致辞和为书作序言?

我们经常要为领导准备在一些会议或活动中的致辞。这类致辞很有意思，可以说有个“死套路”，但发挥的空间又比一般的讲话稿来得更大。

这类致辞很少长篇大论，一般都是写三四页纸，基本结构差不多都是如下这样：开头用一句话说明这是个什么活动，然后对来宾表示欢迎和感谢，接着讲这一活动的意义，其后讲我们将通过这一活动进一步推动相关工作，最后讲祝愿语。

这个“死套路”很简单是不是？但这类致辞中可发挥的空间有时甚至比一篇正常的讲话稿更大。因为这类致辞不是用在正襟危坐的会议上，所以其中可以加入一些带有感情色彩的语言，同时也可以不失时机地使用一些文学修辞，可以写得比普通讲话稿更为生动活泼。特别是讲到所涉及活动或工作的意义的时候，完全可以把讲话者个人摆进去写，讲出讲话者个人对这项活动或这项工作的情感，甚至可以写得声情并茂。而且，这类致辞因其篇幅较短，是不可能写出第一、第二、第三等条目性语言的。这就带来了另一个好处，那就是可以在基本遵循上面那个“死套路”

的前提下，按照文章的气势一气呵成，打破“官样文章”中那种死板的条目化风格，用带有感情的文学化笔触进行演绎，有时可以写成一篇不错的美文。我就曾用心写过几篇有点散文性质的致辞，受到了各方的普遍好评。

大机关里的“文字匠”有时还会接到这样的任务，就是以领导的名义为某本书撰写序言。这种文章在中央八项规定出台前相当多，中央八项规定出台后这方面的要求严了，这种序言相对少了许多。

这种序言同样不长，短则一两页，长则三四页。除了开头要提到所涉及图书的出版意义之外，其他部分基本上可以围绕书中的内容，根据自己的兴趣点随心所欲地发挥。与前面所说的致辞一样，这种序言也不宜分为一、二、三、四，主要是通过分段把逻辑关系厘清。为书作序言比前面说的起草活动致辞更能让写手放开思路，可以彻底抛开“官样文章”的套路，各展所长，自由驰骋，既可以言辞质朴，也可以文采飞扬。而且，与致辞相同，在序言中同样可以写出作序者与作者之间的感情，这也有一个可以自由发挥的空间，写好了能够让文章增色不少。我起草过很多篇序言，基本上都是要求写出文采、写出感情，往往能够收到不错的效果。

批评的技巧

我们在起草领导讲话稿的过程中，有时会遇到领导要对某项工作或某些干部提出批评的情形。这种批评在文字上的拿捏，其实还是有一点技巧的。

讲话稿是“口语化的书面语言”。既然是书面语言，批评就不能像口语那样说出一些比较“粗暴”的话，而是要“文质彬彬”地说。

一般说来，我们在起草领导讲话稿的时候，批评性语言的出现大致可以分为以下几种情况。

第一种，对重大原则性问题的批评。这种批评通常会“火力全开”，特别是涉及纪律和作风建设方面的问题，都会批得很严厉，话也说得非常重。由于是原则性问题，因此来不得半点犹豫和暧昧，必须旗帜鲜明，斩钉截铁，每一句话都直指要害，大量使用“严肃查处”“严惩不贷”“坚决清除”之类的语言。但我们注意一下也会发现，即使是这样的语言也仍然是书面语，不大可能出现爆粗口的现象。相反地，我倒是在一些私下场合见过领导在训斥下级时直接爆粗口的场面，我自己也曾经有几次被领导这样训斥过。

第二种，对非原则性问题，只是面上普遍出现的一些思想认识和工作问题，领导在提出批评的时候口气会和缓一些，用词通常不会那么重。而且，在为领导起草讲话稿中遇到要写这类批评时，我们一般不会直接狠批，而是采取摆事实讲道理的方式，先把在思想认识或工作中出现的问题摆出来，然后分析危害性，最后有理有据地指出如果不在今后的工作中加以改正将会产生的后果。

第三种，在有些场合的讲话中，领导会对个别干部提出批评。对于这种对人的批评，我们在起草讲话稿的时候尤其慎重。除了对已经明确有了组织处理意见的干部之外，一般情况下都既不点名，也不把事情讲得太具体，以免大家对号入座地乱猜，但同时又要把这个干部存在的问题点准，令其自己一听就知道在说谁，从而引起警醒。这种批评性文字最难写，因为必须要非常精准地点出问题，让人一听就知道这不是共性问题，只是个别干部身上存在的问题，所以在写的时候一定要和领导进行详细沟通，了解清楚领导的真实意图（特别是批评尺度）和领导要批评的这件事的来龙去脉，然后用最简洁的语言“点穴”式地指出问题，并对干部提出合乎领导要求尺度的批评。

第四种，就是领导想批评某个人，但又不便于明说，只能旁敲侧击式地说。这种批评最难拿捏。这里又可以分为两种情况：一种情况是想要批评 A，却在表面上批评 B，把一堆狠话都说给 B，让 A 听了心里不是滋味儿。这种情况多半发生在两个场合，一是被批评者也是相当级别的领导干部，不便于直接说，于是就批评下面的某个干部，我称之为“盯着主人打狗”。二是领导要批评的人不在场，但要设法把批评的话传给被批评者，即批评在场的 A，通过 A 或其他人把话传给不在场的 B。另一种情况则更有意思，就是一篇批评人的稿子当中，通篇没有一句批评人的话。领导想要批评 A，但由于种种原因不便明说，于是反其道而行之，在讲话中没有批评 A，而是大大地表扬 B 和 C，唯独把 A 冷落在一旁，令其意识到自身存在的问题。这批评的技巧，说起来还真不是文字上的功夫，而是领导艺术。

给自己起草的文稿进行一次“验算”

我们起草完一篇稿子之后，如果有可能就多看两遍，一方面是为了查漏补缺，另一方面是要再仔细检查一下有没有太多“含水量过高”的废话，以及逻辑上有无毛病。这也算是给文稿进行一次“验算”吧。

既然是“验算”就少不了“验算”的工具。今天我就向年轻同志推荐两个给文稿进行“验算”的工具。

先说第一个工具，那就是思维导图。思维导图这种东西是近十几年才兴起来的，但我将其用在讲话稿起草工作中却远远早于我知道这一概念的时候。那时我在写稿子之前会先列出提纲，往往在起草提纲时就会在一张纸上不自觉地画出一个框架图来。初稿完成之后，我会对着提纲的框架图重新审视文稿，把整篇稿子特别是在撰写过程中超出原定提纲的部分再在那个框架图上标出来，看看逻辑上是否说得通，如果有问题就立即着手进行调整。

再说第二个工具，我个人强烈推荐，那就是 PPT。这个工具出现不久，我就在起草文稿时有意无意地用一种“PPT 式的思维”对文稿进行“验算”。就是在头脑中想象一下，如果这篇文稿要让你通过 PPT 进行展示，里面有多少内容是除了把大段大段的文字搬到 PPT 上之外，再无其他展示手段了。如果在 PPT 展示中只能照搬文字，说明你的那些文字要么是过于抽象的概念化语言，要么就是空话。请大家注意，PPT 这种展示方式，要求每一幅画面都要有相当的信息量，而且要有很“实”的东西，如数字、项目图片等等。即使画面中只出现文字，也一定是能够起到提纲挈领作用的几个核心语句或关键词，而这些核心语句和关键词肯定不能是陈词滥调，只有富有新意、令人眼前一亮的观点才适合在 PPT 上进行展示。

仔细想想看，其实 PPT 有点像文章的试金石，一下子就可以把文章中的“干货”筛选出来。好的 PPT 一定是简洁、优美的，与之相匹配的文字也一定是信息量大、观点鲜明、富有新意、具有一定感染力和冲击力的文字。我在审修文稿，特别是对文字长度要求比较严格的文稿时，都会在头脑中想象一下，如果将其转变为 PPT，这些话还能不能留下。这样一来，那些套话、空话以及毫无新意的观点自然会被筛掉，文章的质量就会明显提高。

怎样整理讲话录音？

机关里的“文字匠”都会遇到整理讲话录音的任务。根据我的工作体会，整理领导讲话录音大致应当注意以下几点。

第一，整理讲话录音往往是一项时间性要求很高的任务，通常情况下是每人分一部分，大家一起动手干，以提高效率。在这种团队作战的情况下，一个团队至少要有一个人能够确保出现在领导讲话的现场。这一点非常重要，因为只有在现场才能看到语音之外的形体动作和面部表情，而这些都是与声音相辅相成的意思表达符号。人在现场就能捕捉到这些在录音中把握不到的东西，从而能够更加准确地领会领导讲话的意图，同时也有利于更准确地倾听领导讲的是什么。

第二，将领导的讲话录音整理出来，并不是一字不差地端上去，而是要做适当的编辑工作。这里就有一个编辑尺度把握的问题。通常的做法是，把整个录音分成几段，每人负责整理一部分。先要原汁原味地整理出领导的讲话原文，注意，原文中一定要一丁点儿信息也不能遗漏，包括小插话、语气助词，以及重复的话或者只说了半句的话，因为这些微小的细节都很重要，有时能从中找出领导没有完全表达出的真实意图。在整理出原汁原味的录音稿之后，要将其备份保存好，以便后面随时查阅。然后开始对原稿进行文字编辑工作，这种编辑工作不同于普通文稿的编辑工作，一定要最大限度地保留领导的原话，需要做的主要是梳理语言逻辑，删除重复的话和无意义的口头语，将没有说完的话根据其语义补齐，同时适当地分段或者起标题。

第三，对领导讲话录音的整理稿要根据领导讲话的意图进行合理的增减。这是整理录音环节中最难把握的一点。什么是“合理的”？这里并没有一个统一的标准，完全要根据会议上领导讲话的语境进行判断。我们有时要把领导有些说得过重的话适当地“柔化”，有时要把一些随口说出的不太适宜的话删掉，还有的时候要根据领导讲话的意图，适当增加一些领导没有说到，但应当照顾到的内容。凡此种种，要注意的一点，就是增减一定要“合理”。既要在总量和内容上合理，即不要进行过多的增减，不要喧宾夺主；又要在语言风格上合理，因为领导讲话录音稿更加贴近领导的口语风格，所以我们在对内容进行增减时，所用的语言要尽量向领导的语言风格靠拢。

第四，要尽可能了解领导讲话的背景。一般来说，我们整理领导的讲话录音有两种情况，一是领导在各类会议上的讲话。会议讲话录音的整理相对说来比较容易。因为我们通常就是领导讲话的起草者，对会议背景比较熟悉，而且手头都有给领导准备的书面稿，我们重点整理的是领导脱稿讲的那部分内容，只要将其纳入我们原来所起草稿件的逻辑框架内，适当完善即可。二是上级领导视察时所作的讲话、谈话。这一类录音整理就需要我们找到有关部门适当了解相关背景，如领导视察的主要目的，突出关心哪些问题，等等。只有了解了这些，我们在整理文稿时才不至于将不该删除的话删掉。

第五，要始终留着最后一手，那就是手写记录。我们一定要有随时记录的意识和本领。有些时候领导讲话是没有录音或者不准录音的，这就要求我们在场的人员尽最大可能进行手写记录，会后立即根据每个人的回忆补充文字细节，这样往往也能整理得八九不离十。

第六，要最终得到领导的认可。我们整理的领导讲话稿，一定要送给领导过目，请领导对我们整理的内容进行审定。因为这些经过整理的讲话稿同样属于公文，具有指导工作的作用，所以来不得半点随意和不准确之处。那种“根据录音整理，未经本人审阅”的稿子，原则上是不能作为公文印发的。

调研是一个基本功

我们常说，“没有调查研究就没有发言权”，这句话是千真万确的真理。我们机关中的决策是否符合实际，能否真正造福百姓，一个关键的前提是我们在制定政策的时候是否进行了深入细致的调查研究。就领导干部而言，作决策之前都要通过调研掌握大量的信息，然后再进行归纳、比较、反复，最终形成自己的思路。我们这些“文字匠”要为领导决策服务，更应当在调研上下大功夫。做好调研工作是我们的一个基本功。

我们的调研大致上分为两种，一种是结合文稿起草工作开展的调研，另一种是看似与文稿起草工作无关的专题调研。相应地，在政研室或调研室里，也会分出两类不同的处室，一类是我们所称的热线上的综合处室，另一类是相对“冷”一点的处室，即专门从事调研工作的调研处室。在我们的实际工作中，这两类处室各有分工又紧密配合。一般情况下，综合处室由于来的都是急任务，因此真正抽出时间进行调研的机会并不多。为了弥补这一缺憾，综合处室就需要大量阅读兄弟处室乃至兄弟单位的调研材料，从中汲取营养，让自己写出的材料合实情、接地气。调研处室由于专业从事调研工作，因此能够经常深入部门和基层了解情况，为领导提供不带有部门利益偏见的调研报告。一个运转成功的政研室，必须是一个以综合文稿起草为核心使命，在精力摆布和力量搭配上做到“冷热结合”的机构。

对不在诸如政研室这类专业文字部门中工作的“文字匠”而言，文稿起草和调查研究就是差不多并驾齐驱的工作。也就是说，忙起来的时候以文稿起草为主，只要有一点空就搞一些调查研究，以此充实自己的知识和经验储备。同时还要看到，领导在使用我们时，除了需要我们为其提供文字服务之外，也需要我们为其介绍相对客观的情况，提供不带利益偏见的主意。有时我们出的主意可能和领导的思路不一致，但同样有价值。

相对而言，搞调研比起草讲话稿的难度要低很多，主要原因在于一般来说调研材料不像讲话稿那样有那么强的时间要求，因此相对可以比较从容地完成。而且，调研报告对文字质量的要求也没有那么高，把事情说清楚即可，在遣词造句上没有那么多讲究。因此，对既搞综合文稿起草又搞调研的“文字匠”来说，暂时放下紧张的讲话稿起草工作，走出办公室搞一些调研，是一件既能充实头脑又能放松身心的好事。

“文字匠”一定要有调研的意识和能力，否则用不了多长时间就会把肚子里的存货掏空，再写出来的东西就容易空洞。而且，调研报告的写作虽说难度上小于领导讲话稿，但其也需要进行大量的分析，在有限的文字空间内把事情讲清说透，是对文字起草工作的另一种练笔。所以说，调研这个基本功对机关里的“文字匠”而言是一项需要“经常操练”的内容。

调研，从选题开始

要开展调研工作，首先要面对的问题就是如何选题。说到调研的选题，大致分为两种，一种是领导直接点题，一种是自己选题。领导点题的情况就不用说了，直接按照领导要求开展工作即可。自己选题则要事先进行一番思考。这种思考主要应当从以下四个方面进行。

第一，调研课题的必要性。一个问题值不值得调研，值不值得现在进行调研，值不值得从这个角度进行调研，这是考察调研课题必要性的三个角度。首先，要思考值不值得调研。有些问题属于人尽皆知的老问题，各种研究已经非常充分了，这样的问题就完全不值得再花费气力进行调研。有些问题几乎所有人都知道在目前的条件下没有解决的好办法，即使再调研还是想不出新办法，所以也没有必要开展调研。其次，要思考值不值得现在进行调研。为领导决策服务的政务调研课题具有相当的时效性，必须在领导需要的时候报上去，而领导现在完全不需要的课题就要先放一放。打个不恰当的比方就是，当领导想睡觉的时候，你就是端上一桌满汉全席他也不感兴趣，而这时哪怕你递上一个最普通的荞麦皮枕头甚至两块砖头供他枕着睡觉，也会令他心满意足。所以我们在调研选题时一定要考虑时机，不合时宜的课题坚决不要选。最后，要看值不值得从这个角度开展调研。一般而言，一项调研总要回答“是什么”“为什么”“怎么办”，但是通常不可能在这三个方面同时发力。比如，如果大家都知道情况“是什么”了，你再去调研“是什么”就变得毫无意义了，而是要重点回答后面两个或者一个方面的问题；同样地，如果大家都知道“是什么”，也知道“为什么”了，你再长篇大论地阐述一番就基本上成为废话了。这样的调研报告我看过不少，比较典型的是许多关于反腐败的调研报告，每次都用大量篇幅讲腐败的表现和原因，其实这些都不必详细讲，包括领导在内的很多人想知道的是到底该怎么办，结果这些调研报告往往到了这里就只剩下几句干巴巴的空话了。这类调研报告就属于“做了无用功”，或者说“讲了些正确的废话”。

第二，调研课题的科学性。调研课题的科学性主要是指选准调研角度和具体的研究“切口”，对一些新手以及一直坐在办公室里写综合类讲话稿的“文字匠”来说，这个问题是他们在调研时最容易产生困扰的问题。由于这些人平时接触一线的实际相对较少，因此他们往往会在办公室里“想当然”地拍脑袋想出一个大题目来，真要进入具体调研阶段就会发现“老虎啃天无从下口”。一个好的调研题目一般不宜过大，要能够使调研者根据事物发生、发展的内在规律，科学地找准问题的症结，然后针对有关具体问题开展深入的研究。换言之，一个调研课题要针对实际工作中遇到的重点、热点、难点、痛点、堵点开展研究，而不能完全凭个人感觉随便就把一个“伪问题”当成“真问题”来进行调研。我在工作中，曾经不止一次地发现有的人写出的调研报告完全不在靶子上，里面都是些想象中的“伪问题”。对于这样的报告，我都会直接毙掉。

第三，调研课题的创造性。调研报告一定要在最后提出独到的观点，这就是调研报告的创造性。你可能会说：“我还没开始调研呢，怎么知道会有创造性呢?”其实，我们都不是生活在真空里，在调研报告选题阶段，我们一定会事先对相关情况进行充分的了解，就如同写社科课题的开题报告一样，对核心观点应当也必须作出预判，并先期形成一些重要的假设，在此基础上，确保在调研方向上能够聚焦于这些假设，通过调研来论证这些具有创造性的假设。

第四，调研课题的可行性。这个方面最容易理解。我们开展一项调研，必须考虑我们的研究成本和各方面的客观条件，如果条件不具备，则必须重新确定调研方向，以免劳而无功。

调研选题阶段的预调研

为了让我们的选题能够符合前述几个原则，在开展正式调研之前一定要做一些准备工作。这其中很重要的一项就是先期展开预调研。

预调研是整个调研工作的基础和前提，万不可等闲视之。我们常说“不打无准备之仗”，调研也是如此。如果头脑空空直接去调研，最后很可能什么有用的东西都捞不出来。我过去有个同事是个坐不住的伙计，交代给他一项任务，他马上就抄起电话来给相关部门打电话下通知，恨不得立即开个座谈会，要一些材料回来就写调研报告。这种工作方法最要不得，因为最后的报告往往只能讲一些浮在表面上的情况，真正需要深入挖掘的东西都挖不出来，这种情况吃亏就在于缺少必要的预调研。

预调研大致说来，要做以下工作。

一、案头工作。这主要是查阅相关资料。这里的资料包括：上级的有关指示和文件、相关的理论文章、外地的类似做法、有关类似工作的新闻报道、相关的内参及内容信息等。在查阅资料的基础上，对相关的内容进行分类整理归纳，梳理出上级有什么要求，我们与上级要求相比做到了哪些、没有做到的有哪些方面，哪些是我们走在前面的经验和成功的做法，基层进行了哪些探索、成效如何，哪些是工作中与先进地区相比存在的差距和不足，各方面如何看待这些差距和不足，哪些是造成这些差距和不足的原因，先进地区在这些方面有什么破解之道，专家对此给出了什么建议，等等。查阅资料非常枯燥但绝对有用，这一方面的工作越深入细致，后面的调研针对性和实效性越强，越能获得具体而深入的“干货”。

查阅资料用的时间不妨稍长一点，在这方面“磨刀不误砍柴工”。要尽可能把能找到的资料都看一遍，力争做到上下左右乃至古今中外的相关材料都找到，然后边看材料边做笔记，按照上级要求、主要成绩、突出亮点、主要问题、基层与外地做法、专家意见等几个门类进行整理。这种整理可以根据每个人的习惯有所不同，不要求十分工整，但一定要便于自己查阅。而且，在进行这种整理资料的工作时一定要有数据和典型。

二、前期咨询。这里主要指的是向相关部门和专家进行前期咨询。根据前面案头工作中发现的重点问题，先期找相关部门的同志进行必要的咨询。在这里，咨询对象分为三类：一是这些部门的负责人，二是这些部门中具体负责这项工作的相关处室，三是这些部门中的“文字匠”。另外，可以咨询一下熟悉情况的有关专家。如果是一个调研小组的话，小组成员可以进行适当的分工，每个人分头负责打电话咨询某几个部门或专家。这种咨询的成效，其实很大限度上取决于我们同相关部门和专家的熟悉程度，就如我在前文所说的，我们“文字匠”要多交一些朋友，到这个时候就会显示出朋友的重要性。在咨询过程中要注意随手做好记录，由于这种咨询大都是以聊天等方式进行的，往往不是很成系统，因此要在咨询结束后的第一时间对记录进行简单整理。前期咨询，会进一步把我们的调研重点进行聚焦，为后面的工作打下基础。

三、实地考察。这一环节有条件可以搞，但多数不具备条件，因此可以略过去。如果条件允许，在预调研阶段能够到实地看一下，会使我们增加一些感性认识，进行调研的时候会心中更有底。

调研方案的设计

调研题目选定，并且进行了初步预调研之后，后面的工作就是设计调研方案了。这与预调研一样，也属于正式调研开展之前的准备工作。在实际工作中，这一过程往往与预调研结合在一起，以确保效率更高。

在设计调研方案阶段，主要应下功夫抓好以下几个方面。

一、调研方式的设计。接到一项调研任务，要根据经验和预调研的结果作出一个大致方向性的判断，也就是明确我们的调研应当采取何种方法。调研的方法有很多，诸如文献调研法、访谈法、问卷调查法、座谈会调研法，等等。对于这些方法，我们需要结合实际作出选择，这种选择大致要考虑到几点：首先是时间要求。如果是领导布置下来必须限期完成的课题，就不能采取耗时较长的方法，而是必须在进行简单的预调研之后，立即展开高效率的调研，在方法上一般会采用访谈或座谈会调研的办法，用最短的时间把素材“兜起来”。其次是成本要求。这里既有资金成本也有人力成本，如果资金和人手紧张，就不能选择成本较高的调研方法，如大规模民意测验等。最后是对调研的深度要求。

我们开展的调研不同于学术界进行的研究，有时并不要求那么系统完备，而是本着实用的原则，哪种方式最管用就选择哪种方式。

二、调研问题的设计。在预调研的基础上，我们需要将预调研中发现的突出问题作进一步梳理，从中找到在前期预调研中还没有讲清说透的问题，并将其有条理地逐一列出，形成我们的问题提纲，并且基于这一提纲着手进行具体的访谈调研问题设计或调查问卷设计。关于访谈调研问题设计和调查问卷设计，网上或者相关书籍中有不少介绍，这里就不再重复了。只是要强调一点，即机关里的调研一般是中短期调研，而且主要针对的是比较具体的问题，所以不要被书上那些学究式的调研问题设计方法束缚，一定要本着实际、实用的原则，设计的有些问题即使不那么符合社会学调查等“科班”的要求，只要能够达到我们的调研目的即可。

三、调研时间的安排。这主要是指对调研的四个阶段即预调研、实地调查、研究讨论和撰写报告的时间分配进行预先安排。对于调研的时间节奏，总的要求是如果领导有时间限制，那就根据领导交代的任务完成时限倒排工期，并且一定要打出一定的提前量，以便对调研报告进行修改完善并开展必要的补充调研。如果领导没有限定最后期限，则不妨着眼于将问题研究得更加深透，将时间安排适当拉长一些，在预调研上弄得更精细一些，在研究阶段多一些讨论，对调研报告也多作一些必要的修改，做到时间服从质量。当然，这种时间安排有时也要根据情况的变化随时进行调整，但总的要求是，每一项工作都要适当留出空余时间，以备上级临时要材料。同时，如果条件允许，也可以根据时间进度随时向领导报告工作进展情况。

四、调研力量的组织。除非是一个非常小的题目，一般情况下，我们进行一项调研都会组成一个调研团队。注意，我这里所说的调研团队指的是实实在在全程参与调研工作的团队，那种“由领导牵头挂名”的调研团队不在此列。这个团队人数不宜过多，最多五六个人，因为人数太多反而效率会下降。团队成立后首先要确定组长，通常组长要承担总执笔人的角色。如果题目很大，可能会成立几个子课题团队。不过，机关里的调研以短平快的题目居多，与那种专门研究机构的调研有所不同，一般不大会出现子课题团队。如果题目大到要出现子课题，通常情况下就会委托给专业研究部门去做了。这种机关里的调研团队个别情况下会吸收一两个外部专家（如高校、党校或社科院研究人员）参加，但多数以机关干部为主，而且总执笔人一定是机关干部，否则很容易出现研究偏差。在围绕调研力量的组织进行方案设计时，除了要考虑调研团队人员的组成，即调研的主体之外，还要考虑调研的客体，即被调研单位的组织协调工作。很多时候，我们开展一项调研需要找到很多单位。在这种情况下，要安排人员事先与被调研单位进行衔接，最大限度地争取被调研单位的协助配合，充分发挥被调研单位的作用，必要时吸收被调研单位的同行加入调研团队。作为调研团队的负责人，要事先明确团队中每个成员的分工，让每个人都能任务饱满，确保各司其职如期完成任务。

五、成果目标的预期。对于一项调研任务，在完成预调研之后，就应当在调研团队中大致形成一个成果的基本轮廓。这种基本轮廓甚至不仅是调研报告最后要写几部分什么内容这样的“大模样”，而且要包括先期提出的报告的基本观点，或者说是主要假设，调研的过程更多的是验证这些假设是否成立。同时，随着调研的不断深入，整个调研团队要随时进行讨论研究，不断调整成果目标预期，使之日益清晰和准确。只有这样，到最后撰写调研报告的时候才能做到一鼓作气，顺利完成。

组织调查与研究分析

在预调研的基础上设计好调研方案后，就要按照方案的要求开展实地调研。这里先声明一下，本文中所说的调研不包括文献调研，因为这种调研在机关中开展得很少。这里所说的调研是指机关中经常开展的实地调研以及座谈会调研等方法。后面我会对这些调研方法逐一进行介绍，这里就笼统地说一下机关中通常认为的“调研”。

“调研”，顾名思义可以分为“调查”与“研究”。下面就分别说说在组织调查和进行研究分析过程中应当注意的事项。

先说调查阶段。在这一阶段最主要的是要注意以下几点：一是注意依靠被调查单位，但同时要有独立判断。这里最需要把握好一个“度”。一方面，如果我们抛开被调查单位，有可能给调研带来诸多不便。如果下去调查的时候不能依靠被调查单位，极有可能连这个单位的门都进不去，即使去了也找不到我们的调查对象。我们总不能随手抓一个看门的人来就问人家这个单位的某一方面情况，这样随机找的人可能完全不了解情况，要是正好赶上这个人是个“大嘴”，基本上就把我们带到沟里去了。同时，如果我们完全不打招呼到一个单位调查，还可能把看到的第一眼当作事实，从而出现观察和了解情况片面等问题。而且，如果我们完全甩开被调查单位进行调查，那会给被调查单位一个不好的印象，那就是你对我完全不信任，导致其产生一定的抵触情绪，这会给我们的后续调查带来负面影响。但另一方面，我们又要有独立判断，不能由被调查单位牵着鼻子走。因为我们到一个地方调查不可能只是为了去唱赞歌，除非是去总结先进典型。多数的时候，调查还是奔着问题去的，所以我们的观点不可能完全与被调查单位的观点相一致。在这种情况下，我们必须坚持深入调查我们想要了解的事情，即使被调查单位不配合也要设法拿到准确的资料。

二是要紧密联系调查对象。这里讲的调查对象主要是人，我们开展调查是要跟人打交道的，只有通过向一个个具体的人了解情况，我们才有可能得到需要了解的素材。所以，我们在调查时一定要注意和调查对象形成良性互动，使他们在我们面前知无不言、言无不尽，需要他们提供什么素材，他们就能迅速拿出什么素材。这就要求我们有相当的亲和力，不能摆出一副官架子，让人家觉得我们高高在上、不接地气，心里有话也不想说。

三是要养成在调查中随手做记录的习惯。我们有些干部的作风非常不好，有的人官不大但架子不小，下基层调查“提着十个手指头”就去了，记录的活儿交给下级，这样的调查一定会“串皮不入味”，热热闹闹地往下跑了一趟，结果什么东西都只能说个大概。我称之为“囫囵吞枣”式的调查，只要一说到具体问题，就会立即露出破绽来。

四是要按照预调研阶段形成的问题提纲逐项展开，把可能想到的问题都了解清楚，尽量不要漏项。对于重点问题，务必要深挖；对于核心问题，更要从多角度反复进行相互印证性的提问，以确保调查结果的真实、客观、全面。

再说说研究分析阶段。在这一阶段需要注意以下几点：第一，要鉴别资料。这里的资料既包括在调查过程中了解到的情况，也包括预调研过程中收集到的信息。鉴别资料的要点在于清除通过调研所形成的原始素材中的假、错、缺、冗，在此基础上及时进行补充调研，形成全面、完整、准确、真实的第一手材料。第二，要使第一手材料条理化、系统化。这里主要需要根据已有的调研提纲，对经过鉴别和完善的第一手材料进行分类，然后对问题和建议进行归纳概括。第三，要进行充分讨论。调研团队的每个成员根据自己的调研体会，谈谈自己的观点和意见，然后大家进行观点交流和碰撞，最终形成整个团队的调研共识，为后面的报告撰写做准备。

几种常用的调研方法之文献调查法

所谓文献调查法就是不用到实地进行调研，而是通过搜集整理各类文献，完成对某一课题的调研。其实，这种做法更多地体现为研究，但由于前期的文献收集与整理还不是真正意义上的研究，故而将其作为一种比较特殊的调研方法。这种调研方法在学术界用得比较多，有点类似于写社科项目书中的综述，在机关的调研中相对用得较少，但也不是绝对没有。这种调研方法对机关里的“文字匠”而言还是有相当的用处的，其主要用于预调研阶段梳理相关文献资料。换言之，在预调研阶段的案头工作有相当一部分属于文献调查。

进入网络时代，爆炸般的信息量让人目不暇接。所以，我们要进行文献调查，必须首先认清当代文献的特点。概括起来说，当代文献有如下几个特点：第一，数量呈指数级增长。打开电脑找个主题词进行搜索，就可能得到几万乃至几十万甚至上百万条信息。第二，分布非常分散。除了网上的海量信息之外，各种书籍杂志等中都可能藏有各类有价值的信息。第三，内容重复交叉。只要到网上一搜索就会发现，好多雷同的内容在网上霸屏，然后还会发现很多文章是互相引用。第四，水分增多，质量下降。常常是看了半天也找不到几条真正有用的信息，这种低质量的信息一直霸屏真的让人不胜其烦。

针对文献信息的这些特点，我们在搜集和整理文献特别是预调研的过程中就要注意把握几个要点：第一，搜集的文献要有用。要做到这一点其实非常难。我曾经为了准备一个材料看完了整整一本书，从中挑出来的真正有用的表述却只有几句话。对我们机关干部来说，要养成阅读本领域内部文献的习惯，往往这类材料中有用的东西比网上泛泛而来的东西要多得多，另外就是要经常泛读《瞭望》等时政类杂志，里面也有不少对我们开展调研有启发作用的材料。第二，搜集的文献要丰富。这是指要尽可能地把该找的文献都“扫一遍”，不要漏掉重要的文献。这里特别要强调与调研内容相关的材料必须完整占有。第三，搜集的文献最好时间连续。这一点在调研中非常重要，因为只有这样，你才能比较全面地掌握相关工作的历史脉络。第四，搜集的文献要及时。这就是我在前面曾经讲过的，要建立几个数据库，并且随着工作的发展不断更新数据库内容，确保始终掌握工作的最新动态。

至于搜集文献的技术就不再展开陈述了。这里需要强调的是以下几点：一是要养成日常随时浏览材料的习惯。一定要记住一个道理，那就是如果每天都顺手打扫一下房间，其实工作量并不大，如果攒一年才搞一次大扫除，那就是相当费劲的事情。所以，平时一定要勤快。二是要掌握检索和筛选的技术。在网络如此发达和信息海量的背景下，有时检索只靠一个主题词是很难满足需要的，所以我们要在头脑中建立一个自己常用的主题词表，以方便进行有效的检索和筛选。三是要对重点文献下点笨功夫进行详细一点的阅读，确保把真正有价值的东西弄懂吃透。四是要及时做好记录，同时在笔记本上进行梳理分类。

以上这些都是进行文献调查时应当注意的问题，需要特别指出的是，通过上面这些方法搜集和整理的文献仍然是“毛坯”，最重要的是必须进行归类和归纳，并且在此基础上概括出其中的核心观点和表述。这些核心观点和表述，才是我们进行文献调查所形成的成果。这种成果既可以单独使用，更多的时候也可以作为我们预调研的主要内容，为后续调研开路。

访谈，一种重要的调研方式

我们从事调研工作时，还会用到一种调研方式，那就是访谈。说起来，这种方式使用的频率不算太高，但如果我们用好了，就能够写出相当高水平的调研报告。在这方面我有比较深的体会。

我第一次运用访谈方式进行调研是在 1988 年，当时我在处长的带领下专门用了一下午的时间访谈了日本著名记者田川五郎和学者美马精一，并根据访谈记录整理出了两篇内参报送市领导，得到了市领导的充分肯定。后来我又在 20 世纪 90 年代末专门带领同事们访谈了我们市的一名企业家和一名局级领导干部，听他们两人分别从各自角度讲对本市商业发展的意见，取得了非常好的效果。后来我不再亲自进行这种访谈了，但是仍然不时给同事们出题目，指导他们访谈过不少专家型干部，所形成的调研报告多数直接进入了决策环节。

进行访谈式调研，需要注意以下几点。

第一，必须提前做功课。这里所说的功课至少要包括几个内容，一是要提前想清楚准备了解什么问题。如果有可能可以先草拟一份访谈提纲发给被访谈者。在发给被访谈者访谈提纲的同时，自己还要再多准备一些问题，这些问题都要围绕着核心问题展开，主要是为了防止被访谈者回避核心问题而采取一种“迂回包抄”的提问方式。二是要选准访谈对象。这是访谈式调研中最为关键的一个环节。一定要通过事先做好的功课，了解到什么人值得接受专门访谈。例如，我当年访谈本市财贸行业的一名企业家和一名领导干部的时候，就事先通过多种渠道了解到这两位是本市这一行业中有代表性的专家，他们两人对这一行业都有比较深入的研究和思考。三是要从侧面打听被访谈者的性格特征，以便访谈能够顺利展开。四是最好先学习一些与被访谈者的职业或专业有关的背景知识，防止出现“鸡同鸭讲”，让人觉得“跟你谈没意思”。

第二，要以最快速度最大限度地接近被访谈者。要做到这一点，前面说的事先打听被访谈者的性格特征就派上了用场。比如我在前面说过的田川五郎，我们了解到，他是采访过我国老一代领导人的资深记者，于是我们就先同他聊起他采访我国老一代领导人的趣闻轶事，引得他滔滔不绝地讲了起来，一下子消除了双方的陌生感。

第三，要甘当学生，虚心求教。一般来说，访谈式调研的对象都是业内翘楚，这些人见过大场面，有时会说出一些出乎我们预料的观点。在这种情况下，我们一定不要摆不正自己的身份，甚至和被访谈者争辩起来，而是要秉持一种学习的态度，听人家把话讲完。

第四，要注意把握节奏，适时地引导和追问。访谈的特点之一在于被访谈者的回答往往会超出我们预先设定的内容范围，这就要求我们通过适时插话和提问的方式，把话题引回到我们的主题上来。还有的时候被访谈者始终不谈我们想要了解的内容，我们就要进行多次追问。需要注意的是，最好是在被访谈者已有叙述的基础上，抓住其中的一句话进行追问，否则会显得问题非常突兀，他仍然会不接我们的话茬儿。这种引导和追问还要注意的一个问题是，要把握好“得体”与“适度”的原则，在必要的时候适可而止，不要逼迫被访谈者，要使访谈能够善始善终。另外，对于被访谈者说出的一些超出我们访谈提纲的内容，也不要轻易放过，有时“搂草打兔子”，可能会有一些意外收获。

第五，要学会运用非语言信息。由于访谈是近距离面对面交谈，因此非语言信息显得非常重要。记得我在访谈一名企业家的时候，专门把他请到市委的一个小会议室，几个人和他围坐在一起，我的第一反应是先给他添茶水，然后以一种非常放松的语气和他慢慢聊起来。在听他讲话时，我一边记录一边不时点头称是，用眼神和表情引导他说下去，不知不觉就聊了一上午，结果收获满满。

第六，要学会做好记录。这一条必须单独拎出来强调。由于访谈是近距离与人当面交谈，因此比较忌讳使用录音设备，这就要求我们必须做好记录。为什么要说“学会”做好记录呢？因为这里真有个“学”的过程。我刚开始进行访谈时，主要是处长提问，我就埋头做记录，偶尔插一嘴。等到我带领同事们做访谈的时候，我才真正体会到访谈者做记录是完全不同于做会议记录的。因为这时你不仅要记录，而且要思考后面的问题，同时还要有对被访谈者语言和表情的反馈，必须“一心二用”甚至“多用”，所以这也需要学习和锻炼。

第七，还要强调的一点是，要和被访谈者建立经常性联系渠道，以便进行后续调研。同时考虑到被访谈者一般是业内精英，建立起经常性联系渠道，也有利于请其帮助我们想点子、出题目，不断提升我们的调研水平。

来，开个座谈会

机关里最常见的调研方式是开座谈会。这里就说说怎样开座谈会。

在会议的准备阶段要注意几个问题。第一，要明确会议主题。有时围绕一个调研课题要开多个座谈会，每个座谈会的主题都不尽相同，所以要尽可能详细、准确地确定会议主题。这里要注意的是不要把主题定得太大，否则座谈会就无法聚焦，其效率会受到严重影响。第二，在明确会议主题的基础上，要先行做好案头工作，即准备详细的调查提纲。这里所说的调查提纲不同于访谈式调研的提纲，一般不需要事先发给与会者，而是主持人自己把握。发给与会者的调查提纲通常要更加“粗线条”一些，以便与会者的发言不至于被框住，留有一定的思维发散空间，这样才能通过座谈会上的讨论碰撞出一些火花来。第三，要合理确定会议规模。座谈会人数不宜太多，一般说来 5～8 人最合适。由于我们召开座谈会都是一个调研小组参加，调研小组的人数差不多就是这个数，因此整个会议的参会人员规模不超过 20 人。多于这个人数，就无法进行深入的座谈交流。第四，要科学物色与会人员。一般而言，我们召开座谈会多数由我们自己物色人员，一定要找对相关工作熟悉并有一些深入思考的人。另一种情况是，我们到部门或基层去调研，这种调研中召开的座谈会需要我们把会议主题以及与会人员要求告知被调研单位，然后依靠被调研单位帮助我们物色人员。第五，要选好会议的时间、地点。选择会议地点一般没有什么特殊要求，但在会议时间的选择上，最好给与会人员留出一点准备的时间，不要搞“突然袭击”，那样容易导致思考得不深不透。

下面说说会议当中和会议之后应当注意的问题。

先说说座谈会召开的过程中需要注意的问题。其一，要由主持人打破沉默，简单地把会议主题告诉与会人员，并且逐一介绍调研组成员，同时也请参会的被调研者做自我介绍。随即要用一种轻松的口吻开始提问。这里要注意，尽量不要照稿子念调研的问题，而是要把问题表达得尽量口语化，努力营造一种轻松的氛围。我们有时候去基层调研，特别是参加由基层单位负责组织召开的有普通群众参加的座谈会，往往被调研者会非常紧张。很多时候被调研者会拿着稿子念，而这稿子都是由基层单位的负责人审过的，往往是报喜不报忧，或者专拣我们爱听的说。在这种情况下，主持人一定要设法转移一下话题，让他们放下手中的稿子。记得有一次去企业调研青年农民工的状况，企业对此很重视，找了10个农民工代表，每人手里都拿着稿子。我刚一提问，其中一人就拿起稿子来读，开头就是企业对他们有多么关心等等，完全与我们想调研的问题不搭界。这时我笑着说：“你不用念稿子，简单地回答我的问题就行了。我们就是聊天，听你们讲故事，不用紧张。”随即，我果断地停止了原来准备的问题，出其不意地提了一个在原有问题提纲之外的问题。当时我对这些农民工问道：“你们来企业之前，有谁在农村种过地？种过地的举手。”这是他们所拿的稿子上没有的问题，几个人愣了一下，然后互相看着说，他们都没种过地。于是，我就顺着这个话题不紧不慢地抛出问题，仍然是围绕着原定的主题，但问题完全口语化了，这些农民工也变得不那么紧张了，完全脱开稿子回答我的提问。

其二，要引导与会者进行平等讨论。座谈会一定要“你有来言我有去语”，有时候可以鼓励调研组的人员与被调研者进行自由讨论。这样会令座谈会整体气氛更加活泼，整个会场看上去很热闹但又不杂乱，可以使被调研者在这种气氛中轻松地说出真实的想法。

其三，要始终注意把握主题。在座谈会进行的过程中，经常会出现发言者讲着讲着就“跑题”的现象，这种时候就需要主持人不失时机地把话题拉回讨论的主线上来，防止座谈会变成“漫谈会”。要做到这一点，很重要的一条是严格控制发言人的讲话时间，因为发言时间越长越容易出现“跑题”现象。主持人一旦发现某个发言人讲得过多，比较明智的办法是在其停下来缓口气的空档，及时插话叫停，请别的与会者也说两句。如果已经有开成“漫谈会”的苗头，主持人必须招呼大家重新聚焦主题进行讨论。

其四，要不失时机地进行追问。一种经常出现的情况是，在座谈会上被调研者在发言时对你感兴趣的话题只是说一两句，然后就讲其他内容。这时候你一定要抓住这个话题，对被调研者及时进行追问，努力把问题说深说透。

其五，要做好记录。这一点在所有调研中都是必须注意的问题。有时调研组的人都忙着跟被调研者讨论或者聊天，结果忘了记录，那势必会导致热热闹闹开了一通座谈会，结果最后却没留下什么东西。

再说说会后要注意做好的几项工作：首先，还是要在会议一结束就立即整理会议记录，回顾会议的整个历程。这一点最为重要，因为这种回顾会议历程的机会稍纵即逝，如果不能在第一时间整理会议记录，过一段时间很容易忘记一些重要的细节。其次，要针对会议记录的记载，及时查证事实。因为座谈会上被调研者的发言有可能只是其一面之词，本着“孤证不立”的原则，对其中提到的一些重要事实还要通过其他渠道进行认证，确保核查无误。最后，对于座谈会上谈到的一些重要内容，如果发现其中有错项、漏项，要再找到被调研者进行补充调研，确保最后形成的调研素材完整、准确。

说说问卷调查

早在 1984 年上大学时我就开始学习问卷调查方法，后来撰写毕业论文也使用了问卷调查，而且那时就已经用上了 SPSS 统计软件进行问卷数据分析。

大学毕业后到机关工作，相对来说问卷调查这种调研方式用得少了很多。因为进行问卷调查成本远远高于开座谈会和访谈，所以那时候我们调研主要还是召开座谈会。当然，随着近年来“问卷星”等小程序的出现，问卷调查的成本迅速下降，慢慢地使用问卷调查的情况又多了起来。

我由于在上学期间进行过不少“经院式”的正规问卷调查，因此在较长一个时期觉得这种调研方式更多地适用于高校和科研机构，并不适合党政机关，所以我不提倡采用它。另外，我还有一个想法，那就是正规的问卷调查其实门槛是不低的，机关里的干部如果没有学过社会学或经济社会统计，是很难掌握这门技术的。别的不说，就说两个最基本的概念“信度”和“效度”，就能让一众机关干部如堕五里雾中，远不如开个座谈会来得简单。

这种观念直到我开始使用 Excel 软件之后，才有所改观。因为这个软件一下子把统计的门槛降低到几乎人人都可以使用，而且后来我发现 SPSS 软件经过多次迭代，也变得非常人性化了，慢慢地我也不再排斥问卷调查了。不过尽管如此，我仍然认为问卷的设计需要具备相当的技术含量，现在一般机关干部设计的问卷实在是太“水”了，而且通过“问卷星”发放问卷也难以满足随机抽样的要求，只能是一种整群抽样。如果真正进行随机抽样，成本仍然很高，党政机关既无资金也无时间去做这种事情，所以还是交给高校或科研机构来得更好。

虽然我个人并不太看好党政机关的调研工作中大量使用问卷调查法，不过当我的同事们提出进行问卷调查的时候我也会帮助他们制定和完善问卷，并且参与对问卷的分析研究。

据我观察，机关里的“文字匠”由于不够专业，设计出的问卷经常会出现一些问题，有必要引起注意。

第一，提问的主题不聚焦。有的时候，我们的调研者只是把问卷调查作为一种显得“更科学”的调研方式，对形式的追求大于内容，以为一个问题通过发放问卷进行相关统计，有了数据结论就更加科学准确。然而在问卷设计时，大小问题不进行分类，使得整个问卷相当杂乱。最后在调研结果应用时才发现，其中不少问题是“废问题”。

第二，设置一些敏感性问题或倾向性问题。尤其是设置一些政治性问题，试想这样的问题谁会给出与报纸上的“标准答案”不同的回答？毫无疑问，这也是“废问题”。

第三，设置的问题需要回答者仔细考虑或计算。比如，问“你的年收入是多少”，然后后面留出一个空格让人填写具体数字，这就需要回答者仔细计算，不如设置成列出几个收入段的选择题。

第四，开放性问题大而无当。这是机关中问卷调查最容易出现的问题。我们机关各部门设计发放的问卷都会在最后设置一个开放性问题。这一点无可厚非，但问题在于这些问题都太大了，让人一下子感到“无从下口”。像这种很大的开放性问题，实际上在问卷回收后经常会发现题目下方一片空白，因为没有人会费脑子写上一堆文字来回答你的问题。有的人即使回答了，答案也是五花八门，等到你回收问卷后进行分析的时候，又成了没法使用的“鸡肋”。所以，必须记住，开放性问题越少越好，问题越简单越好。

第五，回收问卷后对数据的应用过于简单。很多时候，我们对问卷调查结果的运用仅仅停留在“某个问题的回答占百分之多少”这样的简单描述，缺少不同类别数据的交互统计及其结果的运用，使得问卷的分析流于表面。

其实，问卷调查作为一种重要的调研方式，还是有必要专门学习一下的。对于一些相对简单、不需要进行大规模抽样调查的问题，我们可以通过现成的问卷工具进行整群调查。在问卷设计上要注意主题先行、问题聚焦，同时问卷不宜过长，统计也不宜过于复杂。在问卷结果的使用上要注意对数据进行各种交互分析，反复挖掘其中的价值。这一点相当重要，在问卷设计阶段就应当想到对有关问题有可能进行怎样的交互分析，从而把问卷的价值发挥到极致。

有空就整理资料

从道理上看，各类原始文献资料的整理，大致可以分为几个环节。

一、审查环节。对调研中得到的、书籍或者各种材料中摘录下来的原始资料进行的第一步处理，就是对这些资料进行详细的审查。审查要从如下两方面展开。

第一，对资料来源进行真实性审查，也就是判断资料是否是真实可靠的。判断的主要依据是：①根据以往实践经验判断。如果资料所描述的内容已经超出人们实践的常识，就要给资料打上一个问号。②根据资料内在逻辑判断。如果资料中出现前后矛盾的内容或者其他不能自洽的内容，则至少其中有一部分是不真实的，甚至整个资料来源都可能受到污染。进行逻辑判断的一种方法是进行必要的计算检验，有很多资料经不住对数字的推敲。我们就曾经遇到过这样的情况：报上来的材料中提到药品使用，按照材料中提供的数字进行计算，结果发现平均每人要用掉几千克的青霉素。③根据资料来源判断。一般而言，由当事人本人陈述的事情经过要比局外人描述的更可靠；多数人讲的往往比少数人说的更可靠；正式的文字记录内容比口口相传的内容更可靠；等等。

第二，对各类原始资料进行合格性审查，通俗地说就是判断这些资料可不可用。这里主要是审查一些细节，从中发现问题。这里包括：①材料中所用的单位是否统一。例如，前面用“亩”，后面用“平方千米”，这种单位不统一的现象非常多见，有时容易出现换算错误，这种错误我也曾经发生过。②答案是否完整。有的材料特别是我们现场开座谈会或者访谈中形成的记录素材，经常是现象讲得热火朝天，回来后一整理素材发现答案有缺项、漏项。③理解是否有偏差。这种情况最容易出现在文献调研或预调研环节，我们由于专业知识有限，对一些行业内的专用术语最容易出现“望文生义”问题。

当我们在审查环节发现问题后，脑子里的第一反应应当也必须是：立即纠正它。文字工作是一项相当细致的工作，来不得半点马虎。我一直特别提倡遇到问题不过夜的作风，发现审查不合格的素材一定要在第一时间标明，并且尽可能快地通过其他渠道进行查证，如果是座谈会记录或访谈记录，则马上联系当事人进行补充调研，绝不可放过任何一个疑点，以免后面的工作变得被动。

二、分类环节。这一条简单地说就是把各类素材根据某个统一的规则分门别类地加以区分。这里需要注意两点：第一，注意互斥性，即同一个资料只能归于一类。如果同一个资料可以同时归于不同的两类，那只能说明我们进行归类的规则不够严谨和科学。第二，注意完备性，即每一个资料都各有所属，不能分完类之后，还剩下一堆素材找不到地方放。如果出现这种情况，同样要考虑我们的分类标准是否科学。这里还要强调一点，就是不要小看分类规则和标准，它们其实也是研究的一部分，把分类规则和标准研究清楚了，对我们的后续调研和文章撰写都至关重要，因为这能够直接保障后面的逻辑关系科学合理。正如我在前面提到过的，写好文章最重要的是逻辑关系科学合理，而科学的分类恰恰是逻辑关系科学合理的具体体现。

三、汇编环节。这一环节是在分类基础上的进一步归纳和提炼。这里需要注意两点：第一，注意做到完整、系统，就是将已经分类的资料“拢到一起”，确保不漏项、缺项，在此基础上对其进行系统梳理。第二，注意简要、集中，就是在前述工作的基础上，进行进一步的概括和提炼。

当我们把查阅到的文献和座谈调研中记录形成的各类原始素材经过这三个环节进行整理后，是不是我们的调研报告或者文稿撰写提纲就顺理成章地“呼之欲出”了？所以，千万不要小视这几个环节的工作，因为这些工作其实就是调研工作中的“研”。

学会调研与文稿起草“一鱼多吃”

我在政研室工作时常说一句话：要学会“一鱼多吃”。

这里的“一鱼多吃”是一种形象的说法，其实就是指把调研与推进工作一体化结合，让调研的成果第一时间进入领导的决策，以更好地发挥调研的参谋辅政作用。有一年，恰好我的一位同事到党校参加为期两个月的市管领导干部进修班学习。我一看机会难得，于是就组织一个精干的小班子，争分夺秒地讨论，制定了一份关于农村基层组织和基层干部情况的调查问卷。由于党校同时还办有中青年干部培训班以及处级干部班和乡镇干部班，我就组织同事们把问卷印好之后送到党校里我的这位同事的手上，让他分别去和这几个班的班主任联系，通过班主任把问卷发给每个学员填写。由于这几个班的学员中有大量与农村基层干部打过交道的各层级干部，因此这种定向调查的针对性、实效性和代表性都相当强。果然，全部问卷回收后，我们发现回答的质量非常高。于是，我们在组织人员对问卷数据进行分类和交互统计的同时，让我们在党校学习的同事利用住校期间晚上的休息时间召开小范围座谈会。经过通力合作，一口气搞出了一篇大报告，得到了领导的批示。

在完成这一篇大报告后，我们又对这次调研的成果进行了二次和三次开发，通过几组数据的交互统计分析，又形成了好几篇小型调研报告。由于数据翔实、事例准确，调研报告也都得到了领导的充分肯定。按照一般的规律，一次调研出了这么一批成果就到此为止了。但我们仍然没有止步，又根据这次调研的成果总结出了一个基层典型，并且联合有关媒体向社会推出。后来又针对调研中反映出的问题，以及市领导对调研报告的批示精神，与有关职能部门一道，研究制定了相关文件，并组织召开会议以推动工作。在给市委领导准备这次会议的讲话稿过程中，我们又把这次调研中掌握的数据和典型直接用了过来。这样一来，我们的这一次调研活动，形成了包括调研报告、文件、典型报道、领导讲话等在内的多个成果。我形象地称这种做法为"一鱼多吃"。

这种"一鱼多吃"后来被我吃出了甜头儿，慢慢地变成了一种自觉行动。从那以后，我们力争每年都根据市委的中心工作和领导关注的重点问题，搞上一两次大型调研活动，力争每次调研宁可时间稍微长一些，但成果一定要精、要实，并且转化为文件、典型和领导讲话。这样的"一鱼多吃"有效地打破了负责文稿起草的综合处室和调研处室之间的界限，一方面，使我们的文稿起草有了更多的源头活水，做到心中有数字、手上有典型，写出的文章更加言之有物；另一方面，有效地锻炼了队伍，让调研处室的同志也有机会参与综合文稿写作。

怎样借用外脑？

有很多时候领导会让我们就某些问题请教专家，有时还会让我们直接请专家做课题，也就是借用外脑帮助我们进行研究。

根据我的经验，由我们出面委托专家团队为决策提供咨询服务过程中，应当注意把握以下几点。

一、立项要注重实效。一般说来，发挥外脑功能的主要形式是向高校或科研机构进行课题招标。在招标立项过程中一定要把准备让专家研究的课题说清楚。很多招标课题容易过于强调宏观性、长远性、理论性和学术性，把我们本来想要通过专家研究解决的具体问题淹没在一片大而无当的题目当中。造成这种情况的原因很多，有的是因为领导在布置任务的时候只说了一个原则方向，我们这些参谋助手没有将领导的真实意图摸清吃透；有的则多少有一点是因为我们这些“文字匠”担心题目层次太低，让专家瞧不起，于是有意无意地把话说大，结果得不到想要的结果。所以，我们在立项的时候要发挥自身在领导与专家之间的媒介作用，把领导的真实意图搞清楚，同时也把专家的背景搞清楚，然后把领导的要求准确地通过课题招标的方式传达给专家，以免招标课题走弯路。

二、要明确预期成果目标。在招标立项的时候，除了要把课题的研究方向详尽、具体地向专家讲清楚之外，还必须明确提出课题完成后所预期达到的目标。换句话说，要让专家清楚我们要的是一个什么样的成果。这些问题必须在立项的时候交代得明明白白，否则很可能造成被动。记得大约 20 年前，有一次书记交给我一份只有薄薄几页纸的调研报告，非常生气地说："这样的报告还用得着花 5 万元吗?"我一看是我们市某个部门委托一个高校搞的研究报告，确实研究得非常粗糙，基本上不能用。后来我找到这个部门的同行，问他们是怎么回事儿。他们说，当时委托课题的时候只是说要形成一篇调研报告，具体的篇幅和内容都没有要求，现在调研组完成了报告，就要按照约定给人家 5 万元。我听了也挺无奈，只得按照书记的要求自己另外安排人重写，算是花钱买了个教训吧。

三、要放开不放手。这是在委托课题下达以后的要求。向专家传达招标立项要求之后，我们绝不能完全把调研工作交给专家，必须手中有一根线，时时牵着调研组走。通常的方式是定期听取调研组的工作进展情况汇报，并且在重要节点详细与专家交换意见，防止专家将一个对策研究变成一篇纯粹的学术论文，或者完全不接地气，只讲一些空头大道理。还有，就是要避免我在前面提到过的情形，即不能按照我们的预期达到成果目标，让党委和政府花冤枉钱。

四、要充分尊重专家的意见，但也要敢于和专家讨论。在专家组进行调研特别是研究阶段，我们一定要不失时机地参与到调研组的讨论中来。在讨论中，我们要甘当小学生，充分尊重专家提出的意见，并且尽可能在最终成果中予以吸收。但与此同时，对于一些必须坚持的东西，不能完全听专家的一面之词，必要时要和专家展开讨论。因为有的时候，专家由于不了解我们的决策背景，或者不掌握有关情况，很容易从纯粹理想化的角度想问题、下结论。在这种情况下，我们就要发挥自身的优势，向专家作出解释，并且加以详细讨论，以形成更加符合实际情况的共识。

五、要向领导如实提出我们的意见。一篇委托调研报告完成之后，我们不能原封不动地向领导那里“一端了之”，而是要干好两件事情。第一件事情是给领导整理一个缩写本。因为一般情况下，委托调研报告篇幅都不能太短，通常最短的也要有一万字上下，但领导的时间有限，不可能详细阅读这么长的文章。可是调研报告如果直接就要求专家写得太短，对不起我们付出的经费不说，很多基础的数据、具体的分析、详尽的建议都有可能丧失，这样得不偿失。所以专家起草的长篇报告必须保留，而由我们这些熟悉领导文字风格和阅读习惯的“文字匠”对长稿子进行缩写，最终形成5000字上下的缩写本，把调研报告中的干货提炼出来供领导参考。与此同时，要干好第二件事情，那就是要针对招标课题的完成情况，向领导提供一份对课题的评估报告，让领导知道课题研究的有关背景和进行中遇到的问题，以及我们与专家沟通讨论的情况。必要时还要提出我们对专家得出的结论有什么不同意见，以利于领导更好地作出决策。

替领导读书看报

我们要发挥“以文辅政”的功能，就要想尽办法用各种形式为领导的政务工作服务。其中，替领导读书看报就是一种重要的服务。

我干这件事始于 1990 年初，当时我们政研室里有一间小库房，里面堆着各地政研室赠送的当地党刊，另外还有一些我们政研室自己订阅的报纸杂志，大家看过之后就都堆到了这间库房里。我当时看了之后就想这些东西其实是有用的资源，看过就丢弃有点可惜。于是，有一天晚上我就给主任写了一份建议，希望买几个书架和杂志盒，把这间库房整理成资料室，同时把这些报刊中有价值的东西整理汇编后报送给市领导参考。在这份建议中，我明确地向领导提出，政研室服务领导的任务之一应当是“替领导看报”。

第二天一早，我把前一晚写成的建议交给主任。想不到主任看后连连叫好，立即同意了我的请求。于是，单位专门为我们购买了书架和杂志盒。随着杂志和报纸整齐地上架摆放，小库房里逐渐变得清爽起来，我们又趁热打铁，请求领导给我们装一台电脑。这样一来，我们就把小库房变成了一个正经的资料室。为了发挥资料室的咨政作用，我把里面的报刊逐一“过筛子”，将其中有价值的东西用电脑摘录下来，形成了两份报送领导的内参，一份叫《重要报刊目录》，另一份叫《报刊要点摘编》。报送到市领导那里后立即受到领导的欢迎，第二天书记就在《重要报刊目录》上勾出想要看的报刊内容，让我们复印一份给他。同时，书记在《报刊要点摘编》中的某一条摘录信息旁边作出批示，让有关部门参阅。

初战告捷，我和处里的同事们很兴奋。随后，我们经领导同意，又扩大了杂志订阅范围，新购了几个书架，添置了一台复印机，并且招聘了一名专职资料员，正式挂出了“市委资料室”的牌子，每周定期向领导提供报刊目录和要点摘编，几乎每期都能得到领导的批示。这个资料室到现在依然发挥着“替领导看报”的作用。

后来，我走上了政研室主任的领导岗位，成为伴随在领导身边最近的工作人员之一。我从切身经验中感受到，领导每天日程都排得满满的，毫不夸张地说，真的是连“坐下来吃个苹果”的时间都没有。偏偏领导有时听说了一本感兴趣的书，但实在是没有时间来读，只能摇头叹气。每碰到这种情况，我就会想：能不能像当年“替领导看报”一样，搞一个“替领导读书”？这个灵感闪现之后，我回到办公室立即找有关处室进行部署。

记得当初我给相关处室一周的时间，要求他们用5000字以内的篇幅给领导提供一份读书提要。这份提要先是用几句话勾勒出一本书的写作背景及作者简介，然后重点介绍书中的主要观点。我特别要求在介绍主要观点的时候除了有必要的概括之外，必须对重要的话进行原文引用。最后还要写一部分，就是这本书的历史意义以及各方面对这本书的评价。

通过这种方式，我们先后为领导提供了不少读书提要，使领导在繁忙的工作之余能够有机会了解有价值的图书内容，从而更好地拓宽视野。这一做法得到了领导的高度认可，多位领导在我们提供的读书提要上作出长篇批示，要求其他干部也要这样多读书、读好书。

文稿起草也要“不忘初心”

有同行曾经问过我这样一个问题：一篇稿子写出来总是让领导不满意，自己也觉得非常受打击，这个问题怎么解决？

我觉得，凡事要想明白，最好的办法是从根上捋起，即首先想明白我们写稿子到底是为了什么。那么，写稿子到底是为了什么呢？或者用现在一句比较时髦的话来说，写稿子的“初心”到底是什么？在我看来，我们写稿子，不论是起草文件和领导讲话稿，还是起草调研报告，其出发点不外乎是以下三个，即解决问题、满足需要、指导实践。这三个点如果再进一步聚焦，就会聚焦到一个点，这就是文稿起草的逻辑原点：解决问题！

把这个问题想明白之后，我们在写稿子的时候就有必要时刻铭记着这个逻辑原点，换言之，写稿子只有“不忘初心”，才能“言之有物”“言之有用”。

从这一“初心”出发，我想给“起草界”的年轻同行三条建议。

第一，要始终坚持问题导向。我们在写任何一篇稿子的时候，都要先静下心来想一想，写这篇稿子到底有没有想要解决的问题。如果思来想去觉得这篇稿子没有想要解决的问题，那么请参照我的第二条建议。如果觉得是要解决问题的，那么就顺着这个思路往下想：这篇稿子要解决哪些问题？我作为撰稿人，对这些问题的表现了解多少，我的脑子里有没有解决问题的思路和方法？如果觉得脑子里还缺少“实落落的干货”，那最好不要急于动笔，而是先去看材料、搞调研，直到把问题弄清楚了再开始写，否则一定会招致领导不满意，自己写出来心里也发虚。从我的经验看，我们起草的文稿，八成以上是针对问题去的，所以我们一定要有强烈的问题意识，对社会上、工作中以及理论上遇到的各种问题保持高度的敏感性，甚至极而言之，我们每天都要满脑子装着问号，即使对一些司空见惯的现象也要在脑子里打个问号——这样一定合理吗？还有没有改进的空间？哪里有更好的做法？只有这样，我们写起稿子来才能有自信，而真正能够解决问题的稿子，领导多半是会满意的。

第二，要始终坚持需求导向。有些稿子确实没有要解决的问题，但是领导工作中有这样的需求，如作礼节性的致辞、为某本书作序言、给某个人写信，等等。对此，我们就要仔细想想领导对稿子有什么需求：是为了更好地烘托气氛？是为了展示领导的学养？还是为了让与会者感受到我们的热情？这些需求很多时候领导不会明说，但我们必须细想。可以在头脑中把自己化身为领导，用“角色扮演”的方式想象领导需要什么，有时你会一下子豁然开朗。总之，要在心里把领导的需求揣摩清楚，然后针对这些需求发力。该讲理论的把理论讲透，该展示文采的把文章写得华丽，等等。这样写出来的文章，领导也会满意的。

第三，要始终坚持实践导向。有些稿子领导不满意，一个很重要的原因在于我们掌握实际情况太少，文章中空话太多。尤其是，如果领导是个特别深入实际的干部，自己掌握大量一手材料，而我们这些为他服务的人了解的情况远远少于他，自然就无法服务到点子上。解决这个问题没有更好的办法，只有创造一切条件了解基层实际情况，如果有时间就开展调研，没有时间调研就设法看其他人的调研成果，使我们的头脑充实起来。

有条不紊地提高效率

怎样提高效率？我的答案是“有条不紊”。我的意思是说，不要指望一步到位地成为一个工作效率很高的人，这需要慢慢养成一个良好的习惯，也就是说，要一步步来。

我这个人有几个习惯：第一就是准时。一般情况下，和别人约好见面，我都会提前几分钟到场。其实，我刚刚参加工作的时候身上还多少带有学生时代的散漫，平时也是优哉游哉的。后来，有一次领导让我和另一位同事为主筹备一个会议，那天中午我在家中吃过饭美美地睡了一觉，然后慢慢骑着车前往会场。一到会场就傻眼了，原来参会的市委副书记竟然提前到了，结果我们这些工作人员都不在。处长就把我叫到一边责怪了一番，然后很认真地告诫我说：“你记住了，咱们是领导身边的工作人员，以后参加什么会或者跟随领导活动，必须提前到场，这是纪律。”也就是从那时候开始，我逐步养成了这一习惯。

第二个习惯，遵守接听电话礼仪。这是我刚参加工作时我的老主任教给我的。我刚到处里的时候，接电话还是像街头大爷一样，拿起电话来就是：“喂，你是谁呀？”刚过了两天，就接到主任打到处里的电话，我照旧是这么大咧咧地接电话，结果被主任直接用电话叫到了他的办公室。主任看着我说：“你是新来的？怎么连电话都不会接啊？”然后他就给我讲起机关里因为接电话问题出过的几件事，告诉我电话应当怎么接，其中包括铃声响三下之内要把电话接起来，第一句话要先说“您好”，等等。所以，直到今天都有人说我在接电话、发信息等事情上“呼德”很好，这真是老主任给我扣上的第一粒扣子。年轻的“文字匠”千万不要把“呼德”当成一件小事，这是我们养成高效习惯的一个非常重要的组成部分。因为这会倒逼自己遇事第一时间作出反应，并立即处理。

第三个习惯，干事情都留出提前量。这个倒没有什么人教，纯属于个人性格使然。不过我在工作中还是很得益于这一习惯的。

第四个习惯，随手记录。这是在文字岗位上硬生生磨出来的习惯。我刚工作那会儿，一开始也不适应，直到看到我的老处长用他那个速记的功夫，把领导在会上的讲话一字不差地记下来，然后在写稿子的时候从容不迫，才明白这是机关里“文字匠”的一个看家本事。于是，我也开始练着纸笔不离身，到最后给自己逼出来快速记录的本事。

第五个习惯，今日事今日毕。这个习惯的养成是因为一次工作事故。在我还当主任科员的时候，有一次晚上加班写一篇稿子，领导改完后让大家在电脑上处理好就回家。我当时把领导亲笔改过的稿子在电脑上都改好后，关上电脑就回家了。没想到第二天上班因为路上堵车迟到了，这时领导急着要把昨天改好的稿子交给书记，结果发现稿子存在我的电脑中没有打印出来。后来亏得其他同事连蒙带猜地找到了这篇稿子，替我打印出来才没有误事。虽然这次事情不大，但处长给我提了一个醒，告诉我以后当天修改好的稿子一定要打印完成再走。也就是说，当天的事情必须有头有尾地干完才能收工。

这些习惯的养成，其实都是在实践中磨炼出来的。当然，这里也有个人的修养。这种修养就是“自律”，这也不是一下子就能具备的，而是每天给自己增加一点，“有条不紊”地培养，用心理学上的一句话来说，这叫“轻自律”。这种“轻自律”最大的好处在于“不累”。比如说，“今日事今日毕”能费多少功夫？“电话响三声之内接起来”困难吗？其实这些就是顺手的事，但一旦养成了习惯，就会显现出它们的作用。当有重担压来的时候，这些由“轻自律”养成的习惯就会成为你的核心竞争力，最终使你的工作效率胜人一筹。

说说几类常见的文稿写作规律

总有刚进入“起草界”的朋友问我一些可以在起草文稿时“立竿见影”见到效果的窍门或者“小贴士”。这里也不妨说说我的个人心得。

第一，说说工作总结重点写什么。一般来说，工作总结重点讲成果。但是这个成果不能不分主次地进行罗列。首先要做的是，对基层报上来的工作成果素材进行归类，归类方法大致有两种，一种是根据工作流程进行归类，另一种是根据工作性质进行归类。以我个人的经验，后一种归类更为常见。通常在写总结的时候，先根据所作的归类为每一类工作成果确定一个标题，使每一类工作成果成为稿件的一部分，然后再详细汇报具体的工作成果。在每部分的最前面，最好加上几句话作为开头段，这几句话要提纲挈领地说出我们对这项工作的认识，之后就是讲工作的成果。我的习惯是把过程放在成果当中讲，也就是汇报一项工作的主要做法，最终落到结果上。讲完了具体的工作成果，接着要写一段工作中的经验体会，这段话的亮点不在于字数多而在于认识的层次高，要能起到画龙点睛的作用。在讲完经验体会之后，通常用一个自然段讲问题与不足，最后简单谈一下今后的工作打算。

第二，说说动员会上的讲话重点讲什么。动员会，顾名思义，就是要调动人们的积极性，使其主动投身到某项工作中去。因此，动员会上的讲话重点谈认识。需要强调的是，一般的动员会都是要发动大家共同解决某个突出的问题，因此在起草这类会议的讲话稿时一定要有强烈的问题意识，要在其中树立几个错误思想认识的“靶子”，这样有的放矢地谈认识，更有利于统一思想。在用较大篇幅谈完认识之后，也应当简要谈一下工作，这样才不至于讲得太虚。不过，在平时的工作中，极少专门开这种“纯粹的动员会”，一般都是同工作部署会一并召开，开成动员部署会。

第三，说说工作部署会上的讲话重点说什么。工作部署会在实际工作中分为两种，一种就是我在前面说的动员部署会，另一种则是“纯粹的部署会”。两者的区别主要在于谈认识的比重，前者会用更多的笔墨去谈认识，后者则开门见山，直接说工作任务。工作部署会的讲话重点在于“实”，具体而言就是，部署任务要实，分工责任要实，达到的标准要实，检查落实的举措要实。我们在撰写这类讲话稿时，务必与具体工作部门强化对接，同时准确把握领导对有关工作的意图和要求，既不能不考虑部门工作的实际情况盲目压任务，也不能让部门没有压力。

第四，说说党代会报告之类的重大会议报告怎么写。党代会这种五年开一次的大会，其报告与一般讲话稿截然不同。党代会报告是政治报告，必须体现政治性、战略性以及政治想象力。党代会报告的起草过程是纯粹的集思广益、统一思想的过程。写党代会报告的大体路数是：第一部分先要总结过去五年的工作成绩，然后总结几条经验（注意，这几条经验一定要暗合后面的工作部署，换言之，这些经验也是今后工作的指导思想的组成部分），在这之后是总结工作中存在的问题。第二部分是今后五年的目标。这一部分是整篇报告的重点和难点，起草人下功夫最大的也是这一部分。写这一部分几乎没有什么东西可以从他人那里借鉴，需要起草者对全局进行通盘把握和精准分析，然后展开政治想象力，对未来的目标作出全新的勾画，这种勾画必须体现历史方位感。后面的几部分都是相对具体的工作要求，这里要注意的是要体现报告的政治性，一些很具体的工作表述一般不要出现，必须是比较重要的工作才能点到。最后是党建部分。由于是党代会报告，因此党建部分篇幅不能太短，要把工作说实说到位。

第五，说说在起草针对具体问题召开的专题会的讲话稿时要注意什么。这种会议的讲话稿相对比较容易起草，这里的要点在于说“事”，在于“解决问题”。因此起草这类讲话稿不需要讲太多认识问题，而是开门见山谈矛盾焦点，即使是谈认识，也是紧扣主要矛盾展开。这种会上一般会有讨论，而且有可能有不同意见的交锋，领导一般是在最后讲话。因此，起草这类讲话稿时要事先了解与会者大致的发言内容，以便领导的讲话更有针对性。

把心态摆正

干文字工作要吃苦、吃累、吃气，在这种情况下尤其需要我们加强心理建设，因为这个问题如果解决不好，不仅会使自己整天被负面情绪包围，而且会影响家庭生活，同时也会影响单位里一起共事的团队成员。我觉得，“文字匠”进行心理建设不同于其他岗位工作人员，因为干这一行并且“干住了”的人，一般说来内心都比较强大，而且由于从事这样的脑力劳动，内心深处理性的成分更多一些，通常意义上的心理暗示等手段，对这些人意义不大。所以，“文字匠”的心理建设主要还是要自己把道理想通，只有这样才能避免“职业倦怠”，保持乐观积极的态度。对“文字匠”而言，重要的是要想通以下几方面的道理。

第一，要正确看待一时的“吃苦”。谁也不是天生的“文字匠”，我们因为自己的能力在一众年轻人中脱颖而出，被领导选上了文字岗位，从一定意义上说这是我们的一种“福气”。文字岗位很苦很累，但在这个岗位上你有可能得到机关干部最核心的能力锻炼，能够使你在领导身边直接接受来自领导的指导和帮助。当你在这个岗位上经过一段时间的历练之后，不管被放到什么岗位，你都会发现这些年的苦没有白吃。所以，每位“起草界”的朋友都应当懂得，在这个岗位上吃一时的苦，会比其他人得到更多的进步机会和更大的进步空间。

第二，要正确对待偶尔的“吃气”。“文字匠”有时要代人受过，特别是有的部门把一些根本不能用的材料端给你，领导还要你把这一锅“白菜”做出“红烧肉”的味道来，做不出来也不问青红皂白，上来就是一顿批。应当说，这种情况是有的。但要指出的是，这种事情不是常态，而且领导一旦了解了真相，也会对你好言宽慰的。我就曾经有几次替有关部门“背锅”，被领导骂得狗血喷头。但领导都英明，你有时受了一点委屈，领导是心中有数的，与“没有白吃的苦”一样，也“没有白吃的气”。

第三，要看到别人也在“吃苦”“吃气”。网上有不少“起草界”人士“谆谆教导”同侪后辈的“告诫体”文章，里面有不少讲我们有多么热爱这项工作，等等。这也许是实话。不过据我观察，没有几个人是天生喜欢这一行的。但我也想提醒同行们，不要只看到自己的苦处，看不到别人的难处。其实，在机关的很多岗位上工作的人们，每个人都有各自的难处。所以同行们也要少一点“怨妇心理”，与那些在别的岗位上拼命工作的同志进行一下换位思考。不是说“理解万岁”吗？理解了他人，也就想通了自己。

第四，要做到不怕“吃苦”“吃气”。我有位老领导平时有一句口头禅，名曰：“怕他乎？”来了急任务，需要大家熬夜加班时，他总是笑着说：“不就是加班吗，怕他乎？”这句“怕他乎”后来成为我们大家的口头禅，我们不管遇到什么困难都是一句豪气干云的“怕他乎”，然后就冲上了一线。回想起那些年里，我们这些人自命为“铁军”，面对大稿子、急稿子、难稿子，没有一个人说一句软话。那时我们提出过一个“三不怕”的口号，即“不怕领导要求修改”“不怕改了又改”“不怕推倒重来”。当年我带领同事们起草市第十次党代会报告时，整篇稿子已经完成了，但由于种种原因要全部推倒重来，大家先叫了一声“苦也”，然后就是一句“怕他乎”，回过头去立即开始加班，硬是把这块硬骨头啃了下来。

第五，要学会调剂生活，寻找快乐。我的一位老同事曾经说过：“干我们这一行，每天上班出门就不知道能不能按时回家，那就在临出门前站在镜子前对自己笑一笑。乐也是过一天，愁也是过一天，那就不如让自己笑一笑了。”这话说得很生动，以至于我这么多年一直记在心里。我们挤出来的八小时以外要利用好，这里一个很重要的内容就是自我心理建设。要千方百计寻找一些个人爱好，以便调节身心。你可能会说自己没有爱好，但爱好是学习和培养起来的。有了工作之外的小爱好，就更容易在工作之余寻找到生活的乐趣，人也就会变得阳光起来。

当然，如果这些道理你都想到了，但还是说服不了自己在文字岗位上继续坚持，那就说明你的“职业倦怠”已经到了无法挽救的程度，这时建议你主动向领导提出申请，该调岗了。

去，给小伙伴们讲一课

我对“起草界”的同行们有一个小建议，那就是如果有时间，就给小伙伴们讲上一课。

以我的体会，这种讲课好处很多。大致说来，有如下几个方面。

第一，备课的过程首先是一个学习的过程。我们如果想要给别人上课，自己就需要阅读有关的文章和书籍，这种阅读由于目的性强，因此往往使我们印象更加深刻。通过读书和参阅一些相关文章及案例，我们能够进一步丰富和充实自己的知识体系，从理性的高度对我们这一行加深理解，并且学会许多过去我们不具备的知识和能力。

第二，备课的过程也是一个总结提炼的过程。备课需要我们进行大量的思考，把过去起草各类文稿和从事调研工作的经历进行仔细盘点，从中发现自己曾经在工作中遇到过的问题和教训，从而实现对工作的系统总结提炼。这样，还没等给别人上课，实际上自己先给自己上了一课。

第三，讲课的过程是锻炼口头表达能力的过程。机关干部需要有“脑瓜子、嘴皮子和笔杆子”，这是其综合素质的反映，不可等闲视之。我们平时都是在幕后动笔，在众人面前开口讲话的机会不多。这种讲课其实是非常好的锻炼机会，能够有效地提升我们的口头表达能力。

第四，在讲课时与小伙伴们进行讨论是一个互帮互学的过程。在与同事们进行这种讲座交流时，由于在座的都是同行，因此一般都不是单向的“我讲你听”，而是“有来有往”，形成互动。这样有助于我们进一步深化对文字工作一些基本规律的认识，助力今后的工作。

我们要的是“道与术”还是“技与巧”？

我们在研究文字起草工作的过程中，是更应当注重对宏观规律的把握，还是更应当重视一些立竿见影的“小贴士”？换言之，我们到底是应当注重“道与术”，还是应当注重“技与巧”？

我的观点是，作为文字工作者，你在走过入门的青涩阶段之后，就应该把主要精力从学习“技与巧”转到研究“道与术”上来。

什么是我们的“技与巧”呢？简而言之，就是基本的文章格式、规范的行文方式等等。这些东西在公务员考试中都考过，只要通过了公务员考试，对这些内容就应当不会陌生。这方面的“小贴士”能够找到不少，但在我看来，它们主要是对那些平时不写材料的“业余人士”讲的。对我们这些已经进入“起草界”的“专业人士”而言，这些“小贴士”早已经是我们应当迈过去的坎了，也就是说，我们“专业选手”不应当再考虑这些 ABC 的问题，而更应该思考比这些更高一层的问题。

什么是“更高一层的问题”呢？那就是“文字匠”的“道与术”。所谓“文字匠”的“道与术”，说白了就是不再关注具体的写作方法，而是更多地研究“文字背后的东西”。文字背后大致有两个重要的东西：如何通过文字工作帮助领导实现科学决策和民主决策，如何通过文字工作当好领导的形象设计师，这是我们应当关注的“道”；我们在起草的每篇文章中体现的理论和思想、问题和工作，这是我们应当关注的“术”。这两个东西实际上都不属于我们写作的方法，而是工作的方法和写作的内容。“写稿子”实际上是“写工作”和“写思想”，这句话是说给专业“文字匠”听的。我们既然已经进入了这个行业的大门，就要按照这个行业的专业标准衡量自己的工作。所以，我们同行进行相互交流的时候，更多地要交流“道与术”，而非“技与巧”。

营造与领导轻松沟通的氛围

前面说了“文字匠”特别是“大笔杆子”与领导沟通的极端重要性，其中提到要想方设法营造一种与领导轻松沟通的氛围。今天就讲个故事，说说这种轻松沟通的效果。

十几年前，当时的市领导把我叫到他的办公室，和规划局局长一起研究全市的规划思路。领导看起来已经进行了反复考虑，一见到我们就把我们拉到地图前，对我们谈起了他对全市规划的思路，最后确定正式提出“拥湾发展”的战略思路。

当天晚上开始，我就带领同事们按照领导的思路进一步丰富和完善相关材料，很快就为领导起草了在有关会议上的讲话。稿子送到领导那里后，领导非常满意。

这一提法很快就在全市上下叫响，但我凭直觉感到似乎少了点什么。因为市领导当时是经过深思熟虑提出的，我不好当面提出不同意见，但还是觉得应该再补充一些内容。我就这一想法与综合部门的一名负责人私下交换了意见，他也觉得有必要进一步完善。

这个想法在头脑中考虑了好几天，慢慢地清晰起来，可是我一直没有找到一个合适的时机跟领导谈。当时我想，如果径直到办公室里单独就这个问题和领导谈，领导肯定会怪罪我那天没有说出自己的想法，弄不好效果反而不好。

就这样又过了两天，机会来了。那天，我陪同领导到下面调研。按照惯例，领导活动的新闻稿都需要由我把关定稿。那天调研结束，临下车的时候，我故作漫不经心地对领导说了一句："今天的新闻稿上，我想在'拥湾发展'前面加上四个字。"领导问："你想加什么？"我说："加上'环湾保护'怎么样？"领导略一沉吟，笑着说："你加上试试吧。"

有了这句话，我立即心里有了底。当天的新闻稿中，我就把原先的提法进行了修订。接着，组织同事们按照这一思路抓紧起草后面的讲话稿。随后，新的提法被正式固定下来，成为全市上下的共识。

我在这里讲这个小故事，其实是想告诉"起草界"的同行们，在很多时候我们向领导汇报工作或谈出看法，不一定要在办公室或会议室里正襟危坐地进行，在一些轻松的、非正式的场合可能更适合进行有效的沟通。

看看领导怎么改

我们起草出来的稿子，需要逐级上报领导进行修改。对新入行的“文字匠”来说，看看领导对文稿作出怎样的修改，是一项非常重要的修炼。

对，是“修炼”。你没看错。我在这里没有用“学习”，因为认真体会各级领导对稿件所作的修改不只是“学习”的过程，更是“修炼”的过程。

为什么这么说呢？听我慢慢道来。

一般情况下，新入行的“文字匠”写出一篇材料来，会先由本处（科）的负责人进行修改，处（科）长改完之后再上报给更上级的领导，然后再修改再上报，最后到用稿子的主要领导之手。这个过程大约要经过四五个环节，每个环节都会有领导进行修改。一名有心的“文字匠”如果有条件，尽量把每一次修改的稿子都收集到手，然后进行比较和学习。收集每次修改的稿子其实就是“修炼”的开始。现在的稿子修改都是在电脑上进行，不像我们当年写稿子那样，领导都是在纸上进行修改，具体在哪里进行了修改一目了然。而且领导每次在纸上作的修改，最后都要由原起草人负责在电脑上改过来。这样一来，收集领导的每一次修改相对来说比较容易。现在不同了，领导在电脑上修改后稿子很可能就不再退给你，你对每一次修改的具体内容很可能无从知晓，只能看到最后的定稿，中间的过程基本上就是个“黑箱”。所以，设法找到每一次修改稿是需要费一番功夫的，需要你培养与领导良好沟通的能力，让领导愿意将自己在电脑上修改过的稿件给你看。

这项“修炼”的第二个环节是你怎样知道和看待更高级的领导对你的直接领导修改后的稿件怎样改。这句话有点绕是不是？我把话说得更直白一些，就是你的处（科）长修改之后的稿子，送到分管领导手上，分管领导又进行了改动，这次改动的稿子你能否搞到手，以及拿到它后你怎么看。这里分为三种情况，第一种情况是上级领导改动不大。这时你找到直接领导拿到稿子不会有太大问题。第二种情况是上级领导作出非常大的修改，甚至是结构性修改。这时你的直接领导往往会叫上全体起草人员根据分工重新起草，在这种情况下你也比较容易了解上级的意图和修改意见。第三种情况比较尴尬，那就是上级领导修改的恰恰是你的直接领导对你所起草原稿的修改之处，换言之，是上级领导通过修改肯定了你的工作，而否定了你的处（科）长的意见。在这种情况下，最能看出你的“修炼”功力如何。能够拿到上级的修改稿是功力之一，如果你为此沾沾自喜，甚至对你的直接领导不以为意，那就大错特错了。必须知道，在“起草界”里能够站住脚的人，都是有些真本领的，因为一个人干这一行如果靠关系，写出来的东西不行，他的上级势必要替他干活儿，所以没有人会容得了一个“混子”在这一行里干的。正是因了这个原因，当你看到你写的东西被你的直接领导改掉之后又被上级领导改了回来，正确的态度应当是进行两次思考：第一次思考你的直接领导为什么对你原来起草的文稿作这样的修改；第二次再思考上级把这块内容改回来了，其理由是否就是你原来起草时的理由。

这项“修炼”的第三个环节才是学习和思考。就是我在前面曾经说过的，对照领导的修改稿，体会领导的思考层次和思考方式，想想“如果是我会这么写吗”“领导为什么要这么说”，等等。写稿子本身不能是“狗熊掰棒子”，而必须写一稿就随时总结一次得失，不占糊涂便宜，不吃糊涂亏，只有这样才能形成有益和有效的积累，思路才会逐步开阔，视野才会不断提升。新入行的年轻人，千万不要心浮气傲，对“老把式”不屑一顾，特别是当他们否定了你的意见的时候，一定要沉下心来进行换位思考。即使上级领导把稿子改回到原来你写的那一稿，也还要思考几个“为什么”。很多时候上级把稿子改回来，但理由未必是你原来思考的理由。对此，我们自己要心知肚明。

当每次都带着“问题意识”，以学生的态度去看待领导对我们起草的文稿所进行的修改时，我们才会慢慢领悟到文稿起草当中的奥妙，也才能在每次稿件的起草和修改过程中不断得到新的提高。

换了领导，咋办？

“起草界”有位年轻同志问我：“你先后服务过那么多领导，都能得到领导的肯定，秘诀是什么？”

其实，作为一名机关里的“文字匠”很多时候会遇到服务对象改变的问题。这对“文字匠”特别是当“领班”的“文字匠”（如办公室主任、政研室主任等）可以说是一个考验。有的同行就是因为没有经受住这一考验，最后不得不转岗。

当然，从“文字匠”的岗位上转岗，对多数人个人来说，基本上是得大于失，因为这意味着“从今不再受那奴役苦”。但是，从“文字匠”的职业生涯而言，多少是有一点失败的。

今天，我就以一个过来人的身份，说说如何实现为不同领导服务的“平滑过渡”。

我曾经服务过八位市委书记，其中在最基层“文字匠”的岗位上服务过三位，可以忽略不计，因为那时还是“小文字匠”，不必为此操心。真正需要操心动脑的是我成为“领班文字匠”之后服务的五位市委书记，这几位领导的风格截然不同，对文稿的要求也有很大的差别，在适应不同领导之间风格变化的过程中，我有如下几点体会。

第一，以不变应万变。什么意思呢？就是有一些东西是不变的，这要成为我们“文字匠”服务领导的“定海神针”。哪些是不变的呢？中央和省委的要求，上级的重要提法和相关政策，以及本地的基本情况，这些都不会因为领导的改变而有所改变。所以，在为新领导服务的时候，这些基本内容在我们撰写的文稿中不应当有所改变。有了这些东西垫底，我们起草的文稿的基本内容就不会一下子有太大的变化，这是实现平滑过渡的基本前提。

第二，在新领导到来之前或到任之初，就要立即查阅其过去的讲话录音稿。很多时候，新领导到任之前我们就会早几天知道消息，一旦知道领导即将到任，必须在第一时间与领导过去的秘书建立联系，设法从秘书手中获取一些领导过去讲话的录音稿。此外，还要从原来为领导服务的“起草界”同行那里收集领导过去的各类文稿。然后，迅速浏览一遍这些稿件特别是录音稿，因为录音稿中有一些脱稿讲出的内容，最能反映领导的个人语言风格。通过浏览这些稿件，我们可以在头脑中勾勒出领导讲话要求的一个大概模样。

第三，要熟悉领导的工作简历及其有关教育背景和职业背景。只有了解了这些，才能在为领导提供文字服务时，写出的稿子更加符合领导的身份，更好地满足领导的需求。

以上这三点，大概是所有“文字匠”都会做的，但“领班文字匠”负有带领同事们给领导提供满意服务的职责，更有帮助同事们在服务新领导的过程中不断取得职业生涯新进步的职责。说白了，“领班文字匠”的职责所系是做好工作和提携新人，二者不可偏废，所以必须要比其他同事更多地揣摩领导。因此，仅仅做到这三点还远远不够，起码还要做到后面几点。

第四，要用最短的时间在头脑中为领导画像。“领班文字匠”要第一时间与过去为领导服务的秘书以及“文字匠”同行见面，进行面对面的交谈。注意，我这里特别强调要“面对面”。因为只有面对面才能获得更加完整、全面、生动的有关领导的各类信息。这项工作是一项持续性的工作，不仅在领导刚刚到任的时候要做，而且在后面相当长的一段时间里还要通过更多的形式不断丰富和完善头脑中领导的形象，直到如我在前面说过的利用“心象说”构建出立体的领导形象，并且能够沉浸到领导的“角色”中，体会领导讲话的感觉。

第五，要从领导亮相的讲话中寻找线索。一般说来，新领导对亮相时的第一次讲话都非常重视，这一讲话一般由过去的秘书班子负责文稿起草，领导会字斟句酌地加以修改。在这一讲话中，既有一般表态性的内容，也会有关于到新岗位上打算如何开展工作的最简单的概括性表述。“领班文字匠”必须具有高度的敏锐性，一下子抓住关键表述不放。在紧接着为领导起草的前几篇讲话稿中就按照这些表述进行进一步展开，往往能够写到点子上。

第六，用前三篇稿子“投石问路”。新领导刚到一个新岗位，人生地不熟，所以到分管的地方进行调研等公务活动时，不可能由原秘书班子起草文稿。即使是带着原来的秘书甚至是文字秘书前来上任，也必须由现在的秘书班子为其准备讲话稿。这时，就要考验“领班文字匠”的经验和水平了。一般情况下，我会在这一阶段的前几篇稿子特别是前三篇稿子中“投石问路”，对领导的工作和行事风格进行一次试探。通常我会在第一篇稿子中写得比较平，基本上不说什么新话，只是把领导亮相讲话中的关键语言进行展开，或者根据领导的具体指示就文稿的某个部分提出一些新东西。然后观察领导对这种“收着写”的文稿有什么反应，会在事后提出哪些意见。如果领导用了我们的稿子，但没有表态是否真正认可，我会在随后的稿子中尝试着提出几个“高举高打”的提法，即“高一个调门”之后“放开了”写，然后再观察领导的反应。一般情况下，领导会在几篇不同“调门”的稿子中选择一篇比较满意的，这样我们就初步摸出了领导的脉搏。

第七，迅速贴近领导，进行真诚的沟通。这一条最为重要。“领班文字匠”，本来就是跟随领导活动最多的人，在陪同领导活动的过程中，要珍惜每一次和领导互动的机会，就具体问题及时向领导请示汇报。这种沟通最重要的是两个字：真诚。我始终认为，真诚不仅仅是一种品德，实际上更是一种能力，有了这种能力，与他人沟通起来的效率会更高。我们可以很真诚地向领导介绍其新到的地方的有关情况，并且在听取领导的意见后如实提出我们的建议，和领导进行深入的讨论，真正让领导体会到我们是站在他的角度，真诚地帮助他了解情况、提出建议、解决问题，从而与领导之间建立起相互信任的关系。争取经过真诚、深入的沟通，能够让领导对我们信任到可以和我们单独说说心里话。这样一来，后面的工作局面就打开了。

让自己敏感起来

我在前面曾经说过，“起草界”人士要具备三种人的素质，其中之一是记者的素质。记者的优长主要在两点：一是敏锐，即对社会上的各种现象都能第一时间发现；二是策划，即可以制造和引导议题。今天我要讲的“敏感”和这一素质有一定关系，但又不完全一样。

我们这些“文字匠”由于在领导身边“站班伺候”，因此绝不能是一个反应迟钝的人，必须心细如发，见微知著，成为一个“敏感”的人。这里所说的“敏感”有两层含义，其一约等于“敏锐”，指的是对社会上的各种现象、机关里的种种议论等等，都能够十分敏锐地加以捕捉，并且迅速针对其中发现的问题进行深入研究，向领导提供决策参考。其二则不同于“敏锐”，而真的就是对外界的人和事哪怕是一点点小事都能迅速地体察和反应，是名副其实的“敏感”。

我原本是一个大大咧咧的人，对一些“鸡零狗碎”的小事基本上视而不见、听而不闻。后来，是我的两位老领导改变了我。他们两人有一个共同的特点，就是非常善于察言观色，对其上级领导的一言一行、一举一动、一颦一笑都观察得非常仔细，并且会仔细揣摩其中的含义，常常能够“读”出上级领导通过语言或非语言方式表达出的意思，然后在工作中小心谨慎地把对上级领导的服务做好、做到位。

这两位领导的做法给我以很大的启发。我后来在工作中逐步体会到，要想成为一流的“文字匠”，特别是成为一流的“领班文字匠”，“敏感”几乎是一项必不可少的素质，否则为领导提供的服务是很难“挠到领导的痒处”的。

难办的是，“敏感”是一种先天的素质，很难进行后天培养。有的人天生地具有细腻的生命体验和独特的感受力，而有的人如我这样生来就多少有点“粗线条”。所以我虽然努力想使自己敏感起来，但我自己也知道，不论我再怎么努力，由于先天素质的局限，我永远都赶不上我这两位领导的敏感程度。

尽管如此，我还是跟着这两位领导亦步亦趋地学习察言观色和对别人的言行多想一层。并且，时常厚着脸皮就自己察言观色的“成果”和他们两位“交换意见”，了解他们在进行了同样的观察后所得出的结论。就这样，我几乎是让他们手把手地教怎样观察别人，怎样透过领导的一些肢体性语言等，体会如何感受领导的情绪和一些不便于说出口的意思表示。实践证明，经过一段时间的锻炼，人是可以有所改变的。在这两位领导耳提面命的调教下，我也慢慢练出来了一点察言观色的本事，在与领导面对面交流以及参加会议的时候，都会有意识地领会领导的真实意图，有时宁可多想一层，也尽量避免出现“没有发现”和“没有想到”的情形。

根据我的体会，如果你只是一名最基层的“菜鸟文字匠”，那么“敏感”这个素质对你来说还不是太重要。但当你成为有机会直接面向领导听取指示，甚至有机会和领导进行交流的“大文字匠”或者“领班文字匠”的时候，“敏感”就成了一项必不可少的素质。如果你在这方面有所欠缺，那就设法学习和锻炼，就从“多看一眼，多想一层”开始，努力让自己感觉很敏锐，对事物反应很快，想象力很丰富，以确保能够为领导提供高水平的服务。

同样的话要找出新角度说

我们在机关中起草文稿特别是讲话稿和报告的时候，很容易出现的问题就是文字枯涩、语言贫乏。导致这种情况的原因除了对上情和下情吃得不深不透之外，还有一条就是我们在起草文稿时思考问题的角度过于僵化。也就是说，对领导关于文稿起草的要求只会机械地执行，不知道换一个角度来考虑。

其实，我们在讲话稿中想要表达的大部分内容，都是有很多种表达方式的。我们这些机关里的“文字匠”由于长期浸润在“机关文化”那种“一板一眼”的表达方式之中，很多时候只会平铺直叙，结果就使我们的语言变得不生动，也无法打动人。这样写出来的讲话稿，在会上读出来很难吸引听众；这样写出来的报告，报到领导那里去也很难一下子引起领导注意，进入决策环节的机会相对就会比较少。

这样说有点枯燥，还是让我举例说明吧。曾经有一次，我们给市领导准备一篇在全市外经贸会议上的讲话稿，当时我们按照常规只讲了全市外经贸的成绩和问题，素材是都写进去了，但是送到领导那里之后不久，领导就把我们的主任叫去，说这一部分要改一下，要提出一个观点，而不是单纯摆工作。随后领导说："你们考虑一下，是不是可以提出'对外开放是我市最大的经济增长点'?"那个时候还没有人提出这样的观点。大家都觉得领导的这个提法确实是站在全局、立意很高，于是把原有的这一部分进行重新起草，其间，把我们市历年来外经贸的数据等作为素材，以很好地说明这一观点。这样一来，这一部分的阐述角度就发生了质的变化，一下子就以一个新观点牢牢地吸引住了听众，让与会人员都感到豁然开朗，使开放的意义从思想认识上有了新的提升。

还有一次，我们在给领导准备一篇讲话稿的时候，仍然按照平常的套路，先总结工作，然后分析问题，最后提出要求。领导看了之后觉得不满意，说这样的讲话太平了，很难引起与会者的重视。最后在领导的要求下，我们彻底推翻了原有结构，在分析工作时换了一个角度，索性不再总结成绩，而是直接列出一条条问题，逐一指出问题的要害之处，然后从问题入手讲措施、谈思路，使与会者大受震动，整个会议的效果出奇得好。这种从问题入手分析工作的角度，很多时候能够"出奇制胜"，以至于有一次我们起草党代会报告，书记"天马行空"地对我说："这次咱们写个不一样的报告，不讲成绩，只谈问题，怎么样?"我当时连忙说："这种大报告还是按'规矩'来吧，否则通不过。"书记大笑着说："好吧，那就听你的。"

再讲一个我的同行的故事。十几年前，我们市下大气力推动集中供热，越来越多的居民结束了冬季烧煤炉取暖的历史，当时市里要开会对这项工作进行总结，并对下一步工作进行再动员和再部署。有关部门给市长准备的讲话稿中，罗列了一系列数据，诸如集中供热率达到百分之多少，降低污染、减少碳排放达到多少，等等。后来，我的这位同行看了之后，就在这一堆干巴巴的数据之后加上了一句话，一下子使得这项工作的成绩变得生动而直观起来。他加上的这句话是：自从全市大力推动集中供热工作以来，街头上老百姓拉着车买煤的现象明显减少，现在几乎看不见了。

你看，上面的几个例子其实都是把一段阐述换一个角度进行表达，其效果立竿见影。这种“换个角度表达”的背后，实际上是思维的开放，是“换个角度”进行的思考或者观察。要做到这一点，就要在平时的工作和生活中时时处处做个有心人，以一种强烈的意识去寻找“新角度”，如此一来，我们笔下的东西才能真正生花。

总有人问：一篇讲话稿或者一篇文章达到什么境地才可以称为“精品”？我的回答是，文无第一，武无第二，写文章没有最好，只有更好，因此没有一个绝对的标准。但如果给一个相对的标准的话，其实也有，那就是能够给人以启发，让人最后能记住其中的某一个或某几个观点。不要指望一篇文章字字珠玑，那只是江湖上的传说，在现实生活中，一篇文章中能有几处让人记住的东西就很了不起了。我有一个朋友到党校参加培训，回来后告诉我，在这次培训中听了很多课，但最后就记住了几句话，但就冲着这几句话，这次培训就不白来。我听了之后深以为然。我们起草文稿所追求的境界，就是多数人没注意到的事情，通过听我们起草的讲话稿，多数人注意到了；多数人注意到了但还没有想透的事情，通过听我们起草的讲话稿，多数人一下子想明白了；多数人觉得没有办法解决的问题，通过听我们起草的讲话稿，多数人一下子受到启发，能够想出解决问题的办法了。

很多时候，衡量一篇讲话稿是否精彩，就看在这篇讲话稿讲过之后，人们在私下讨论时有多少人能够引述其中的观点。说句实话，如果一名“文字匠”在一个私下的场合还能听到人们对他起草的一篇讲话稿不是当面奉承式的夸奖，而是明确对其中某一观点给予高度评价甚至引以为据，那就说明这篇讲话稿在一定程度上已经达到了“精品”的境界。这时，作为讲话稿的起草者从内心中会油然而生一种“小得意”，那真的也是专属于“文字匠”的一种“甜”。

用自己的工作去对接上级精神

有人问了一个很有意思的问题：作为机关里的文字工作者，是要把主要精力放在掌握本地区本单位工作上，还是要更多地学习掌握上级的文件和讲话精神？

我觉得，这又是一个伪问题。这种把自己的工作与上级精神对立起来的思维方式本身就是错的，我们的工作与上级的要求在本质上是一致的，学习上级的精神必须联系本身的工作，思考本身的工作也不能离开上级的精神。

但从另一方面看，如果纯粹从技术的角度看这个问题，似乎还真的值得讨论一下。这里就说说我的观点。

我认为，我们作为服务一个地方或者一个部门领导的基层文字工作者，在撰写材料的时候，脑子里第一要储备的，应当也必须是自己这个地区或部门的工作情况。只有对本地区本部门的工作真正摸清吃透，才能真正领会上级精神对我们这个地方或部门有什么具体的指导意义。这样，我们写出来的材料才是从自身实际出发，有针对性地落实上级的指示精神。换言之，我们在准备起草材料的时候，要用自身的工作去对接上级的精神，而不能是相反。因为如果我们对自身工作掌握得不全面、研究得不深入，而是简单地用上级精神来“套”我们的工作，势必会出现主观主义，写出的东西也会不接地气。

用上级精神“套”自己的工作，这多半是刚入职的“菜鸟”们的做法，这是因为这些新手头脑中还没有足够的积累，所以只能按照领导的要求，被动地把上级的话机械地套用在本地区本部门的工作中。这样的套用由于自己心里也没底，因此没法说出真正属于自己的话，多半是说着说着就没话了。相反地，如果我们先把主要精力用于收集本地区本部门的做法、数据和典型，再在头脑中对这些素材条分缕析地进行归类整理，那么我们就属于“肚子里有货”的写手。这时候再来撰写落实上级指示精神的材料，你会发现上级的某一条指示简直就是针对我们这里的某项工作说的。这样一来，你就能主动地把上级的指示分别找到对应的位置。只有到了这个时候，你才会产生属于自己的想法，而一旦有了自己对工作的想法，你就会有一种表达的冲动，写起稿子来就会很自然地滔滔不绝，把头脑中的想法如流水一般倾注于笔端。

所以，每个在机关从事文字工作的同志，特别是年轻的“文字匠”，在上岗后务必在最短的时间内把本地区本部门的工作摸清吃透，而且要对相关的重点工作进行动态追踪，手中始终掌握着最新、最鲜活的素材。如果说我们从事文字工作也存在“万变不离其宗”的规律，那么这个不变的“宗”一定是首先对自身的工作了然于胸。当你打下了这个底子之后，这时不管上级的精神怎么变，你都可以找到对应的工作着力点或者叫工作接口。当你找准了这个接口之后，后面的表述就会水到渠成，你会觉得可说的东西源源不绝。

通篇没提上级讲话，通篇体现上级精神

前面谈到“用自己的工作去对接上级精神”，这只是成为一名合格“文字匠”必经的一关。这时写出来的东西仍然停留在把上级要求与自己的工作进行简单的一一对应的阶段。这样的稿子只能叫“达标”，距成为“精品”还有相当的距离。

根据我的经验，一篇成功的文稿应当是把上级精神吃透之后，完全用自己的语言，通过讲自己的工作，把上级的精神准确地体现出来。这样的标准，是一个很高很高的要求，在我的整个文字工作生涯中也只是有数地写出过几篇。不过说实话，这几篇稿子都可以算是“得意之作”。

我曾经读过一篇文章，那篇文章中说，记得当年有一位民主人士到延安拜访毛泽东主席，毛主席与他促膝长谈。一席话中毛主席没有和他谈马列主义，但当这位民主人士辞别毛主席后，自己回味这番谈话，惊奇地发现，毛主席的话中虽然没提马列主义，但是处处体现着马列主义。我当时读到这里，不由得叹服毛主席真的是一位伟人，是真正的思想大家，他真正地把马列主义思想完全发挥到了淋漓尽致、融会贯通的地步。我们这些人也应当以毛主席为榜样，在我们的文章中努力做到对上级的指示精神彻底吃透，再结合我们的实际工作，使二者有机地融合起来，形成只属于我们自己的、最生动鲜活的语言。

还是讲个小故事吧。

十几年前，一位中央领导来我们市视察，市里要求我们准备一篇汇报稿，并确定由市里的一位分管领导牵头组织撰写。刚开始的时候，我们根据分管领导的要求，把上级的精神与我们市的工作完全一一对应地写出来，即凡是上级提到的某句话，我们都要对应地找到一项工作成果，结果文字上显得极为刻板。我当时就对分管领导提出异议，觉得这样写似乎不妥。但分管领导非常不以为然，坚持让我们按照这一要求写。无奈之下，我就安排同事们按照这一要求写出一稿。但我仍然觉得这种写法不行，直觉上感到这篇稿子可能在市委主要领导那里通不过，于是又悄悄安排人抓紧时间另写了一稿，以备不时之需。

果然，第二天市委主要领导要听我们起草的汇报稿，市委常委一班人都集中在常委会议室里听我们汇报，当听罢汇报后，主要领导少有地发起了大火。直接训斥我这个政研室主任是怎么当的，怎么能写出这么拙的稿子，弄得我百口莫辩，又不好说是分管领导坚持要这么写的。于是，我只得把另外准备的一稿的提纲口头汇报给主要领导，告诉他其实我们还有一个 B 方案，主要领导一听就明白是怎么回事儿了，于是直接要求分管领导不要再过问汇报稿的起草工作，而由我全权负责。我一听就心里有了底，主要领导实际上是肯定了我的起草思路。后来，我就带领同事们按照这一思路把我们的 B 方案文稿进一步优化提升，结果得到了市委主要领导的充分肯定，向中央领导汇报的时候效果也非常好。

我们的这个B方案的最大特点就是避免了“图解政治”，是少有的一篇看上去有点“文不对题”的汇报稿。说它“文不对题”，是因为全文中只出现了一次中央的提法，后面讲的完全是我们市的工作。但另一方面，它又是一篇非常“切题”的汇报稿，因为里面汇报的我们市的工作很准确地回应了中央的有关指导思想在地方的落实情况。

这篇汇报稿让我们想明白了一个道理，那就是在很多时候我们谈工作不一定非要硬性地上挂下联地扯上上级的指示，似乎每一部分的开头不写上两句上级指示就好像我们没有贯彻一样。其实，我们完全可以把上级的指示和要求体现在我们的思路和做法上，这时只要讲我们自己的工作，用成效说话，自然就比那种“图解政治”的稿子更加贴近实际、贴近群众。上级看到这种“不再把自己的话重新讲给自己听”的稿子，不但不会生气，还会觉得我们的工作非常务实。

这样的写稿子路数我们后来想继续沿用，但换了领导之后多数情况下还是要求我们在写稿子的时候先引用几句上级要求。而且，直到今天，我看到的很多文稿都带着一种浓厚的“官样文章”的特点，表现之一就是“图解政治”。

其实，我们的文章完全可以摆脱这种文风，做到“通篇没提上级讲话，通篇体现上级精神”。

小标题里有学问

我在前面曾经谈到过一个话题：题好一半文。其中主要讨论的是文章的大标题要反复斟酌，起好一篇文章的大标题能够一下子打动人，吸引人主动地读下去。另外，我还谈到过我们文章中要有必要的“四六骈文”，这体现了我们“文字匠”在雕琢文字方面的“匠心独运”。今天，再顺着这两个话题多讲几句，谈一谈“小标题里有学问”。

为什么聊起这个话题呢？原因是我的一位年轻的同行问了我一个问题。他把一篇其他单位写出的汇报材料发给我，然后向我问道：“为什么我们也做了这些工作，也向领导报送了类似的材料，但领导对这个单位的材料给予了批示，而我们写的材料却石沉大海了？”看了这位同行的问题后，我不由得仔细看了他转给我的另一个单位的汇报材料，这一看，发现了这篇稿子的高明之处。说白了，还是这个单位的“文字匠”技高一筹，对汇报材料的雕琢更加精细，在文章的二级和三级标题上下足了功夫，并且按照这样的标题对原始素材进行合理的取舍，使得文章抓人眼球，自然就更容易进入领导的视野了。

小标题里有学问。

这一点，往往被“起草界”的新手忽视，他们总觉得大标题起好了，里面的内容只要按照正确的逻辑关系写出来就可以了。在我看来，还真不是这么简单。写文章如同下围棋。刚开始学下围棋的人基本上是从“连五子”和“做眼”这些简单的招式入手，如同写文章刚开始都是找具体素材进行堆砌。到了第二个阶段，就要考虑文章的大标题和主要逻辑关系了，这就好比下围棋的人进阶之后就要研究“大模样”了。进入高手对决的阶段，双方在“大模样”这方面基本上平起平坐了，这时候比的是“手筋”，对应于写文章的人来说，这时候比的是对文字细节的把握和对语言的精雕细琢。

小标题就在这种“细节的把握”和“精雕细琢”的范围之内。一般而言，小标题可以分为“单独成句式”标题和“上下两句式”标题两种。你可能会问：有没有三句话或者四句话构成的小标题？我可以告诉你：有，但不多见。实际上最常见的是“上下两句式”标题，因为这样的标题能够涵盖的信息足够多，但同时又不至于大而无当，过于笼统，有利于按照文章的逻辑结构把相应的内容包括进来，同时又严格界定了其外延。有的“单独成句式”标题看起来是一句话，但实际上在一句话里表述了两层含义，严格说起来也属于“上下两句式”标题。例如，“以纠治‘四风’促进作风建设”这句话看上去是“单独成句式”标题，但其实际上暗含了两句话，表达了两层含义，其中，“纠治‘四风’”是第一层含义，“作风建设”是第二层含义。

在实际工作中，我们为文章设立小标题，特别是一级标题的时候，比较多地会采用“上下两句式”标题。在我的记忆中，我起草的文稿特别是篇幅比较大的稿子只有数得着的几次在一级标题上使用了“单独成句式”标题。这样做的好处是可以避免如下这种情况：标题只有一句话，而其涵盖的内容过多，为了照顾过多的内容不得不把标题弄得非常笼统，导致标题词句平平。

具体到我的这位同行给我的这篇稿子，我们会发现这篇稿子的一级标题都是“上下两句式”标题，而二级标题由于涵盖的内容比较具体、单一，所以使用了“单独成句式”标题。比如这篇稿子的第一部分的一级标题是“以企业需求为策源，四线征点使政策广纳企意”，这个标题就突出了两个主题词，一是“需求”，二是“四线征点”这一工作方法。然后文章着重讲了这个“四线征点”的创新性工作方法，在二级标题上逐一将“四线征点”的做法加以展开，形成了“一是畅通线下发声渠道”“二是畅通线上归集渠道”“三是畅通走访跑线渠道”“四是畅通行业专线渠道”这样一组标题。你看这种标题展开就显得非常精到，它准确地抓住了读者对一级标题中“四线征点”这个提法的关注，在后面展开的重点中有针对性地逐一阐述。而且，这一组二级标题在句式上完全一致，又是一个完美的“四六骈文”，体现了“文字匠”的“匠心”，给人的感觉是很用心但又不做作。

再看这篇稿子后面几部分的一级标题，会发现它们与第一部分的一级标题一一呼应，不仅都是“上下两句式”标题，而且句式上高度统一。比如第二部分的一级标题是“以企业意见为导向，科学制单促政策顺应企心”。读者看到这一标题，第一眼的印象是其和第一部分的一级标题遥相呼应，但重点自然地聚焦到“科学制单”这项工作上来，于是这一部分的二级标题就与第一部分一样以一级标题的后半句为重点，展开为以下“单独成句式”标题，即“一是政府审单”“二是精准下单”“三是多方评单”。

又如第三部分，一级标题在句式上仍与第一、二部分一致，写成“以企业满意为标准，定制上菜保政策合乎企需”。在这里，读者关注的重点被引导到“定制上菜”上来，于是二级标题就要围绕“上菜”做文章。又因为“上菜”是服务企业的一种比喻，在二级标题上要把这种比喻“破开”，所以这部分的二级标题也变成了“上下两句式”，你注意看这种破题的技巧有多用心。这一部分的二级标题分别是“一是优化政务服务，端上便企家常菜”“二是破解堵点难题，摆上助企招牌菜”“三是营造法治生态，送上安企放心菜”，这一连串的“家常菜”“招牌菜”“放心菜”用得很自然也很贴切。

通观此稿，不难发现其一、二级标题的展开每一个层级都是在“一个辈分上”，避免了展开层次上的不统一。同时，如果你注意它的二级标题，就会发现在这一级标题的展开上注意到了展开角度的统一。一篇文章在逻辑展开的时候一定要注意“层次”和“角度”这两个维度，在这两个维度的把握上必须做到统一，否则结构势必混乱。

另外，这篇稿子其实有一点小问题，那就是在标题中出现了大量“自造概念”，如“企意”“企心”“企需”。但作者的高明之处就在于，其使用了类似做格律诗时出现的“孤平拗救”这种手法，在每一部分的开头段把相关“自造概念”破开了，从而使得原本看起来为了句式统一而稍有凑字数之嫌的做法，反而变成了文章的一个特色和风格。

不要被失败吓住

我曾经说过，没有谁是天生的“文字匠”。干我们这一行的人，都是从一个生涩的小毛头慢慢成长起来的，在这个成长过程中不可能是一路坦途，总会有一些磕磕绊绊，对此我们一定要以平常心看待，同时在工作中高度重视每一次失败，注意吸取教训。

刚入行的年轻人，由于肚子里积累的东西少，因此写文章的时候最容易出现的问题是说出几句空话之后越写越没话，最后只好东抄西凑，这样弄出来的稿子肯定会被领导彻底否掉。如果赶上领导心情不好的话，被语言“吊打”一番也有可能。这时候如果你心理建设不过关的话，有可能一下子被“打趴下”。

还是从我入行第一天受到的打击说起吧。我前面讲过，我上班的第一天处长让我把一篇报告压缩到 150 字，就这么个“起草界”“老鸟们”眼里最简单的小活儿，害得我在办公室里的电扇前满头大汗地忙活了一下午，最后还是没能完成任务。那个时候我们写稿子都是用笔手写，领导改稿子用红笔，需要被删掉的地方领导用笔一下子直接圈掉。刚开始那段时间，我写的稿子经常是整页整页地被领导在纸上勾一个大红圈，删到一个字都不剩。

那时候的我几乎每天都被挫折感包围着，觉得这实在与一个名牌大学毕业生的期望值相去太远。不过我幸运的是，工作后遇到的几位领导都是非常好的人，对我都很和气。不过越是这样，当领导把我写的东西一笔圈掉之后还要说几句鼓励的话时，我真的是感觉无地自容了。

真正给我带来挫败感的是后来我服务的一位市领导，这位领导的脾气很大，而且对稿件的要求比较“变态”，一般的稿子很难入他的法眼。往往是把稿子送到他的办公室里，他看了两眼觉得不满意，然后就劈头盖脸地一通批。害得我的主任不敢去他的办公室送材料，分管我的副主任虽然口头禅是“怕他乎”，可真让他去送稿子，他也能躲就躲，这时我这个处长只得硬着头皮往前冲，跑到这位市领导那里去“顶雷”。一般都是挨了一顿训之后回来再从头开始写。

在一次次挫折中，我慢慢悟出了一个道理，其实写文章这件事本来也没有一个固定的标准，当我们把入门这一关过了之后，写出来的稿子就不会差到哪里去。最差最差也就是写成我在前面说过的“万能讲话稿”吧！我们这些“文字匠”，只要脑子里有足够的干货，稍微用点心就能够写出一篇基本过得去的稿子。至于什么是更好的稿子，想想“文无第一，武无第二”这句话也就明白了，要挑稿子的毛病，永远没有尽头，讲话稿只有在临近开会时才会停止修改。而且文章这种东西就是“各花入各眼”，有的领导喜欢这种风格，有的领导则喜欢另一种。比如，我前面提到过的那位领导的最大特点就是喜欢原文照抄上级的文件或讲话，而这恰恰是我们这些“文字匠”最忌讳的一件事。可是，如果我们真的按照上级的东西抄吧，又不知道会碰上领导的哪根

“高压线”，被嫌弃没有我们自己的话，弄得我们左右为难。正因为如此，有时领导对某一篇稿子不满意，这是再正常不过的事情。面对这种情况，我们主动应变，及时调整起草思路，慢慢向领导靠拢就是了。当然了，遇到我前面说的那位领导，想向他靠拢也绝非易事，那就硬着头皮顶住，最后让领导自己改就是了。再说了，还是那句老话，好稿子不是写出来的，而是改出来的。

把这一点想明白之后，我们就有了不被吓倒的底气。后来，我们索性直接提出了“三个不怕”的口号，即“不怕领导要求修改，不怕改了又改，不怕推倒重来”。说白了，就是练出一颗强大的心脏来，只要领导不满意，我们就和稿子“死磕到底”，在一次次“死磕”当中“屡败屡战”，直到把自己的水平“逼”上一个新台阶。

实事求是地说，文字工作者的成长有一部分是靠天赋，但更多的还是靠辛苦努力获得的经验。经验从哪里来？来自我们对起草的每一篇文稿的深入总结，这其中很大一部分就是从失败中吸取的教训。

“失败是成功之母”这句话，对“文字匠”而言，有着特殊重要的意义。

“要脸”便是“不要脸”

前面说到写稿子要做到“三个不怕”，这“三个不怕”都来自外部的压力。其实，这里还应当有一个不怕，那就是不怕自己面子上下不来，这个“不怕”来自自己内心深处的压力。

人都有自尊心，“起草界”的同行都是“文人”，自尊心会比别的群体来得更重，换言之，我们这些“文字匠”更重面子。可是，偏偏是我们这个群体最容易遇到在面子上下不来台的事情。比如，自己千辛万苦写出来的稿子被领导改得一无是处，这时心里多少会觉得面子上过不去。如果领导改过的稿子又被更高一级的领导否掉，最后又把你写的内容重新用上，这时你要如何看待自己的面子和你的直接领导的面子？再比如，我们在文稿讨论或起草的过程中难免会就某个观点或者写法与领导或同事们进行辩论，在这个时候最容易出现的问题是我们的观点与其他人的观点不同，在这种情况下怎么办？……这些，其实都是对“文字匠”的考验。

说说我个人的偏好吧。我在政研室工作期间，最喜欢的是有自己的观点，又愿意大胆讲出来与同事们进行交流，同时还不固执己见的人。其实，具有这样素质的干部不仅"文字匠"岗位需要，机关里的其他岗位同样需要。

在关键时刻能够放下面子听取别人的意见，是"文字匠"的重要修养。但是，根据我的观察和亲身体会，一些新入行的同志在这方面往往容易"有欠缺"。就以我自身为例，我在20世纪80年代刚刚进入"起草界"的时候，心气非常高，有时和人讨论起问题来，往往"得理不让人"，甚至"没理搅三分"，非要与别人争个口舌之胜。有好多时候，其实自己心里已经知道别人说的是对的，但为了面子还要和人抬杠。现在看来，这真是年轻气盛，多少有点幼稚可笑了。

如果仅仅是讨论问题的时候为了面子和人抬杠，这还不大要紧，毕竟没影响工作。如果是在写稿子的时候为了个人面子坚决不接受别人的意见特别是领导的要求，那就非误事不可了。

还是讲一个小故事吧。早些年间，我们的一位同事，这位老兄属于典型的"自恋型人格"，看别人写的材料觉得基本上比不上自己，一旦自己写的材料被领导修改就感觉受到了委屈。有一次，主任布置他起草一篇调研报告，他在和主任研究提纲的时候就跟主任争执。我们这种单位的惯例是研究文稿思路时大家可以平等讨论，完全"没大没小"，可以争论到面红耳赤，但是一旦领导拍板决定要如何起草，那么这时就要严格遵守纪律，必须服从领导的安排。可是偏偏这位老兄和主任抬杠正在兴头上，这时主任拍板确定的提纲和他的想法不一样，他觉得自己面子上难堪，受到了"不公正待遇"，于是在起草稿子的时候完全抛开了主任确定的提纲，我行我素地按照自己的思路写了一篇。起草完毕后把稿子交给主任，主任看后当然不满意，于是找到他问：

“为什么不按照研究确定的思路写?”这位老兄理直气壮地说:“文责自负!”当时主任差一点气得背过气去。这是以政研室的名义上报市委的材料啊!上面的署名不是起草者个人,而是市委政研室。在这种情况下何来“文责自负”?这种在工作中的“斗气”,最终的结果是贻误了工作,个人的“面子”也保不住。

后来,我做了政研室主任,我的一位同事也有一点气盛,和他的处长经常发生意见分歧。有一次,处长安排他起草一篇稿子,他写好之后担心处长把他的思路推翻,结果“瞒着锅台上炕”,直接把稿子交到了我的手上。我当时接过稿子一看就发现有点跑题了。于是,第一句话就问他:“这是你们处里研究过的稿子吗?”他满脸带笑地说:“我还是相信你,你直接看看吧!”我立即要求他按照处长的要求对稿子进行修改,他还颇不以为然,觉得我不给他面子。于是,我耐心地对他说:“这不是面子的问题,而是为了工作。而且,这种‘瞒着锅台上炕’的做法,本身是违反工作纪律的,对处长有意见可以提出来,但工作上还是要遵守纪律,否则别怪我不给你面子。”

其实,机关里的“文字匠”不同于社会上的自由撰稿人,一个最大的不同就是要受纪律的约束,不允许出现所谓的“文责自负”。你可以有自己的想法,但一旦领导决定了之后,必须抛弃所谓的面子,无条件地按照领导的要求完成文稿起草工作。如果这时还要因为“要脸”而搞变通或者要小手腕,最后的结果一定会让你丢掉面子。

所以说,对机关里的“文字匠”而言,“要脸”其实就是“不要脸”。

学学调查记者

我们这些机关里的“文字匠”不是记者，我们不会去写那些有故事情节的稿子。但是，我们却有必要向记者学习，学习他们的敏锐，学习他们对新闻线索的刨根问底。

有一类记者被称为调查记者，他们会写出调查性报道。调查性报道类似于我们撰写的调研报告，但由于是报道，因此在语言表述上比机关里的调研报告要生动得多，故而可读性很强，也更能吸引人（事实上，许多调查性报道会通过各种渠道进入领导的视野，有不少会得到领导的批示从而直接进入决策环节）。而且，调查记者对新闻线索的反复深入的追寻，也是非常值得我们“起草界”人士认真学习的。调查性报道比较多地出现在各种内参和一些严肃的媒体当中，这也就是我反复向同行们推荐国家级新闻媒体的内参和《瞭望》新闻周刊的原因。

在这里讲一个调查性报道的案例，让我们看看调查记者是如何发现社会上的“真问题”并且全面、准确地加以报道，最终使这一社会问题得到各级的重视的。

有一位年轻的记者接到了线索：一些小女孩跳舞下腰时可能

伤害脊髓，造成终身残疾。关于这个话题过去媒体已经有报道，但多局限于个体故事。记者要首先判断这个问题是否是一个真问题。于是她进了一个有400多人的家长微信群，这些家长的孩子都遇到了损害脊髓的问题，其中很多人成了残疾人。她找到这些家长聊，有一位家长说自己不能确定是跳舞的原因，还是先天存在问题。进入那个微信群后，这位家长发现，时不时有相似经历的家长入群，并且受伤的都是女孩。2020年，国内暴发了新冠疫情，较为严重的上半年，这位家长观察到，群里几乎没有新增成员。线下培训当时都暂停了，直到5月才陆续复课。他意识到，如果是孩子自身的问题，无论有没有疫情、有没有停课，都会有新的病例出现。2020年6月，他在群里发起了一项数据统计，邀请跳舞导致脊髓损伤儿童的家长填写各自事故发生的时间和年龄。146位家长填写了信息。大多数孩子受伤的时候，只有5岁。信息反馈到记者这里，她意识到这个问题可能不简单。但她又担心民间搞这样的调查不够权威。于是记者下载了几百篇脊髓损害的相关论文，以进一步了解相关问题。记者发现，《中国舞等级考试教材》规定，在适合9—11岁孩子的第六级动作中，才出现下腰动作。但是，在下腰导致脊髓损伤的大量病例中，受伤者集中于4—8岁的儿童。记者还发现，曾任北京舞蹈学院院长的吕艺生以近年出现的儿童下腰致残的案例提醒同行，“跳舞不等于练功”，呼吁社会重视这一问题。同时，记者也了解到，早在2010年就有三位医学研究者第一次将舞蹈练习列为儿童脊髓损伤的主要成因之一。为把这个问题调查清楚，记者到多家医院进行采访，接受采访的每位医生都表示这个问题很严重。记者采访中还发现，很多家庭在为这个问题打官司。记者在裁判文书网上，用

"舞蹈""脊髓损害"等关键词搜索判决书，发现有很多案例，这些案例也进一步证实了这个问题的严重性。所有的采访指向：这是个真问题，硬问题。最后记者发稿《孩子们在冒着风险下腰》，报道发出后有读者留言：这篇稿子太重要了！

看这位记者的采访过程，我们不难发现，这其实是一个深入的调研过程，这其中运用了文献调查法、访谈法、问卷调查法等多种手段，通过不同角度的调查最终直指问题核心，各种资料相互印证，使调查很有说服力。而且，如果你感兴趣在网上搜一下这篇最早发在《中国青年报·冰点周刊》上的长篇报道，不难发现它使用的语言既不是那种干巴巴的"论文式语言"，也不是一味煽情的"卖惨式语言"，而是恰到好处地使用专业人士口中所说的专业术语，以及当事人自己的陈述，使得整篇文章非常具有专业性、冲击力和可读性。

我们机关里的"文字匠"不可能将我们的调研报告写成这种调查性报道，但这种调研方式和文章表述方式的确是很值得我们学习借鉴的。记得我在前面的文章中提到过"引用与转述"吗？我们在起草的文稿中精心设计一些具有说服力的"引用有关人员话语"，往往会胜过一大堆枯燥的"官样文章"。

多听听别人讲故事

我有一个个人习惯，就是喜欢和人聊天，听别人讲故事。现在看来，这个习惯对做好文字工作应当是一个“加分项”。

这个喜欢听别人讲故事的习惯，虽然从小就有，但也同我后来的学习和工作不无关系。我是中国第一届面向全国招生的社会学专业学生，这个专业的一个重要特点是搞调查特别是田野调查，我从大学时代开始参与一些专业性社会调查，也就是从那个时候开始，我这种听人讲故事的习惯从自发走向了自觉。这种“自觉”的标志，就是我开始有意识地记录听来的故事。

据我了解，很多记者也有这个听故事的习惯，通过听故事可以发现和发掘新闻线索。我反复讲，“起草界”人士要具备记者的素质，其中听故事就是我们应当具备的素质之一。

我在政研室工作期间，经常到基层单位去调研。每次到了调研的现场，我都习惯性地要求被调查者不用按照事先准备的材料来念，而是一定要给我讲故事，也就是说具体的事件和做法。我觉得这种听故事的过程其实非常享受，一旦当事人开始给你讲具体的事情，许多原本干巴巴的表述立即变得立体而鲜活起来，你也就可以掌握大量最真实的第一手资料。在调研过程中之所以强调讲故事，其实有两个原因，一是可以让被调查者放松，更快地进入一种自由交流的状态，这样更容易讲出真话；二是可以避免听到由被调查者先行作了概括的表述，因为这种先期进行的概括有可能直接框住我们研究问题的角度，反而不利于由我们根据工作需要进行合理的概括，并在此基础上形成我们自己的判断和观点。

我喜欢听人讲故事还有一个原因，就是我长期搞材料，坐在办公室的时间太久，有时即使出去调研，多数还是跟着领导活动，这就导致我非常容易不了解部门和基层的工作，也就存在“不接地气”的危险。正因为如此，我反复提醒自己，只要有机会一定要想方设法交各方面的朋友，尽可能地在一些非正式场合听他们讲故事，而且讲得越具体越生动越好。通过听各方朋友讲的故事，我有机会得窥基层的工作情况，以及社会上关注的热点难点问题，同时学习各级干部处理问题的工作方法。

事实上，正是得益于善于听故事，我才有机会从其他人那里详细地学习，掌握一些具体的工作方法，这对我后来的工作起到了至关重要的作用。同时，也是得益于听故事，我能够敏锐地发现社会上的一些热点难点问题以及各部门在工作中遇到的困难和问题。最终，这些问题线索有的成为我们所开展调研工作的题目，有的则成为我们起草领导讲话稿的素材。

听故事也有个怎么听的问题，我在听故事的时候一般就是很随意地聊天，不时插话，让讲述者跟着我的兴趣走，把我最想知道的东西说出来。这个过程看起来非常轻松，但由于多数情况下我是带着一定的目的听故事，因此我会随时注意引导和追问，有时还会在听完故事之后向对方索要一些文字材料。比如我在前面曾经讲过，我在陪书记调研时谈到审批效率问题，这个问题就是和一位区委书记饭后聊天的时候听来的。当时我和那位区委书记聊得很开心，听他讲项目建设的过程，其中提到了这个问题。那天聊天结束后，过了几天我给那位区委书记打了一个电话，让他安排人把他谈到的那个项目的工作日程表送给我一份。后来我就是根据他讲的故事和那份工作日程表，向书记有理有据地谈到这个问题，最终引起书记的重视，推动了全市审批效率的提高。

一般情况下，我在听人讲故事之后，会在第一时间把其中有价值的内容记到本子上，使之成为我后面工作的素材。而且，在进行这种事后的记录时我都会记下具体的时间、地点和讲述人，这样做的好处是如果以后要以此为线索开展调研的话，能够马上联系到当初的讲述人，提醒他曾经在什么时间和地点跟我讲过一件什么事，从而勾起他的回忆，并且以他为突破口，进一步深挖更多有价值的调研内容。

不失时机地汇报工作

我在前面不止一次地说过，从事文字工作的人免不了要吃苦、吃气。但是，如同我只承认苦难会磨炼人，但绝不赞美苦难一样，我对吃苦、吃气的态度也是不要被吃苦、吃气压倒，要在这一过程中加强历练、经受考验，但绝不能“甘于”吃苦、吃气。

为什么会发出这样一段感慨呢？实在是因为我看到一些同行面对来自各方的指责，特别是一些来自领导的“没来由”的指责，表现出一副逆来顺受的样子，不敢分辩，更不敢据理力争。如果一名普通“文字匠”总是这种反应，至多是影响个人的进步，如果带领一群“文字匠”工作的“大笔杆子”也是如此，则势必会使其所负责的整个部门的干部都受到影响，那损失就大了。

我在前面曾经专门写过关于与领导沟通的小文，今天不厌其烦地再次谈这个问题，因为把这个问题处理好，对在领导身边工作的“文字匠”特别是“大笔杆子”来说，实在是太重要了。

我们在领导身边工作，直接为领导提供文字服务，按说离领导最近，也最容易与领导说上话，但实际上我们有些同行不但没有用好这一优势，经常及时地向领导汇报，反而由于在领导身边，更方便“聆听领导的批评”，最后形成了恶性循环，在领导面前噤若寒蝉。

不敢于、不善于向领导汇报工作，不但对“文字匠”而言，甚至对所有机关工作人员而言都是一个大忌。不能经常及时地向领导汇报工作，其危害大约有这么几点：第一，把自己干成了只会出力、不会出声的“老黄牛”。我其实挺反感把人比作“老黄牛”的，我们做工作不能只做不说，否则就是出傻力、傻出力，干了半天结果把活儿都干到黑影里去了，最终受伤的是自己或者自己带领的团队。第二，更可悲的是把自己干成了替别人承担错误的“背锅侠”。记得我在一篇文章的最后说过“这大概就是‘文字匠’最后的一点倔强了”这句话吗？说的就是这个道理。我们这一岗位的特点在于需要替领导在文字上把关，有些部门给我们提供的相关素材有问题，在这种情况下，必须向有关部门指出并及时向领导汇报，否则部门就会以“政研室已经把关”为借口，把所有的责任都推到我们身上，时间一长，领导不免会质疑我们的工作能力。第三，由于不能经常及时地向领导汇报，在未能完整、准确地领会领导意图的情况下，贸然进行文稿写作，搞不好就会南辕北辙，最终导致“白忙活”。

不能经常及时地向领导汇报工作，会给领导留下什么印象呢？大体上会留下两大恶劣印象：其一，这个干部就是个“酸秀才”，也就会闷在屋里写材料，干不了具体工作，更不用说协调重大工作了。我们“文字匠”一旦在领导那里挂了这种号，整个职业生涯就算“一条路跑到黑”了。其二，领导对你的工作能力、工作水平乃至工作态度不放心，想想看，如果领导对这些不放心，本质上就是对你这个“人”不放心，你的职业天花板也就到头了。

要解决这种问题，必须有胆量、有准备、有底气地经常及时地向领导汇报工作。不要以为经常往领导办公室跑领导会烦你，恰恰相反，如果事先做好充分的准备后随时向领导汇报工作，领导会觉得你这个干部对工作认真负责，是个靠谱的干部，不但不会烦你，相反地会对你留下较好的印象。

那么，应当怎样向领导汇报工作呢？大致要注意以下几点。

首先，认真听取领导的指示。向领导汇报工作时绝对不准两手空空，或者只带着个录音笔去听，必须用纸笔记下领导的指示，并且务必当着领导的面把领导的要求用最简洁有效和富有条理的语言提纲挈领地重复一遍，让领导作出最后的确认。注意这种“重复一遍”至关重要，因为领导当面布置任务的时候语言可能是比较随意甚至是凌乱的，这种“重复”并不是简单复述，而是把领导的要求条理化。领导只有在听到你提纲挈领地重复一遍后，才有可能知道你是否真正理解了他的要求，同时也会在你的重复过程中及时地补充完善相关指示。只有得到领导的最终确认，你的工作才有可能在后面最终得到领导的认可。

其次，当面向领导提出自己对工作任务的具体设想。当领导对你重复讲出的工作任务予以确认后，你应当立即开动脑筋，及时提出对拟起草文稿的标题和逻辑框架等的具体设想。如果你不能马上当着领导的面完成这一任务，也要在回到办公室后迅速开动脑筋，用最快的速度写出文稿的提纲，然后在第一时间再次找到领导当面汇报，听取领导的意见，以便及时按照领导要求修改完善。

再次，如果是一篇比较重大的文稿，一定要在起草过程中及时向领导汇报工作进度、遇到的困难和问题，特别是一些重大原则性表述和一些有不同意见的地方，务必请示领导定夺。同时，随着文稿起草工作的深入，对于在起草过程中产生的一些新的思路和想法，也要及时向领导汇报。

最后，文稿起草结束后，要注意向领导及时进行总结性汇报。这不是要一本正经地进行非常严肃的汇报，而是要在领导相对不忙的时候，抽时间进行三言两语式的汇报。汇报的重点在于：一是让领导知道你在这次文稿起草过程中有哪些收获；二是文稿中还有哪些缺憾；三是起草过程中与各部门的配合情况，遇到了哪些困难，如果有部门不尽责等问题也要通过汇报让领导知道；四是起草工作团队成员的工作状态，要让领导了解大家的付出，但又不要邀功，要注意把握好分寸。

总之，我们做的尽管是幕后工作，但应当让领导了解，要努力避免当“老黄牛”“背锅侠”，或者“白忙活”。

不想当元帅的士兵不是好士兵

我们常说，机关里的“文字匠”是“身在兵位，胸为帅谋”，这句话一点也不错。不过在想着这句话的同时，一定不要忘记还有一句话，那就是“不想当元帅的士兵不是好士兵”。

想一想，我们进入机关，成为一名公务员的初心是什么？你可以说是“为人民服务”，那么请你告诉我，是做一个幕后的“刀笔小吏”为人民服务的施展空间大，还是走上前台成为一个部门或者地方的负责人能够更好地为人民服务？答案显而易见，当然是后者。所以，不要忌讳说出我要为人民“服大务”，想要走上更加广阔的平台，或者说得更直白一些，我们进入公务员的行列就是为了有一天成为领导干部。这本来就是我们的初心，没有必要遮遮掩掩地不敢承认。

机关里的公务员要成长为合格的领导干部，必须锻炼的几项基本能力中很重要的一项就是文字表达能力，以及文字背后的思考能力。这也就是我们常说的一个干部应当具备的“脑瓜子、嘴皮子和笔杆子”。机关里的文字岗位恰恰是锻炼这几种能力最好的平台之一，对机关干部而言，如果能到文字岗位上锻炼几年，会非常有效地强化这些能力，这其中就包括学会从领导的角度在宏观上思考和把握问题，养成学习理论和政策的习惯，掌握深入基层调研的本领，学会将工作思路条理化，并在此基础上科学地进行概括和总结，同时能够把自己的想法清晰、准确地通过文字表达出来。当然，在文字岗位上还有机会接触各级各方面的材料，从而有意识地学习和了解其他岗位上工作的有关情况，有效地拓宽我们的视野。更为重要的是，由于我们是直接为领导服务的，因此能够有机会在领导身边近距离学习领导的工作方法与工作艺术。以上这些，都是其他岗位上的干部所无法比拟的。所以，在培养和考察一个干部的时候，如果他在文字岗位上工作过，实际上这是一个“加分项”，至少说明他的“脑瓜子和笔杆子”都不弱。

但是，注意我要说“但是”了。凡事过犹不及，如果一个干部一直在“文字匠”的岗位上工作，我们在考察和使用他的时候，这个经历就可能成为“减分项”，因为这样的干部缺少在实际岗位上的锻炼，可能有着丰富的办文和办会经验，但办事的能力没有经过实践的检验，领导在使用这样的干部时心里会没底。所以，如果一个干部干成了几十年的“老文字匠”，那么其职业生涯之路会变得相对较窄，最终也绕不出办文和办会的圈子，很难从“僚”和“吏”成功转型为主政一方的“官”。

正因为如此，一个干部如果在文字岗位上干的时间较长了，一定要主动向领导提出转岗的申请，争取到实际工作的岗位上经受历练，使自己的能力得到全面提升。作为领导干部，对下属的“文字匠”也要精心栽培，该放手的时候一定要放手，千万不能把其墩在“写材料”这样一个又苦又累的岗位上熬到油枯灯尽。

在这方面，我差不多是最有发言权的干部之一，我曾经在文字岗位上干了 27 年，这让很多人非常吃惊。有位老领导就曾经对我说："真没想到你干了这么多年，还以为你就干了十几年呢!"说句实话，即使是十几年也已经不短了，到这时候才转岗为时已晚。

我曾经说过，在文字岗位上工作就如同跟着领导读免费的"研究生"。但要想到，读"研究生"本身只是过程，目的是"毕业"后为社会贡献力量。如果只是享受"读研"的过程而不想毕业，那基本上可以算作一根废柴。所以，希望我们的年轻同行一定不要立志要把全部身心都投入到文字工作中去，那样就背离了我们进入公务员队伍的初心了。

长点办事的本领

接着前面的话题说。既然我们“文字匠”从事文字工作应当只是公务员职业生涯中的阶段性工作，那么我们在从事文字工作的同时，一定要有意识地学习一些其他方面的本领，如在办文、办会之外增长些办事的本领。

这种办事的本领源于何处？我觉得大致有以下几方面来源。

第一，这种本领源于我们所服务的领导。我们“起草界”人士一般都在领导身边工作，多少都有机会了解到领导是如何处理具体的政务问题的，特别是我们如果有机会为领导起草直接用于处理政务的指示和批示，更容易从领导对我们所起草材料的修改过程中掌握这种本领。举个例子吧，我刚刚进入“起草界”不久就接受过一项为领导起草批示的任务。记得当时我用了一个下午数易其稿，完成了一份不到200字的长篇批示。（没错，一般批示都是十几字，最多几十字，字数过百的都属于“长篇批示”。）然后，经过处长、副主任、主任层层把关，几乎一字不易地送到了市领导的案头。我当时看几级领导都几乎没有改动，心里不由得生出一些小得意来，觉得初试身手就“战绩不俗”。等到领导的批示发下来，我发现我起草的内容都被领导采纳，只是在末尾，领导加上了四个字："结果报我"。我当时看了之后依旧非常兴奋，因为领导全文采纳了我起草的内容。但是兴奋劲过去之后，我开始反复品味领导为什么要加上这四个字。后来，我想明白了，这四个字绝非可有可无，这里恰恰体现了领导的工作方法，那就是不论什么工作都要注重结果，这样才能把工作抓实。

第二，这种本领源于和我们打交道的部门。我们虽然不从事具体的行政工作，但有机会接触到各部门报送给我们的相关素材，只要我们肯用心，就能够从这些素材中挖掘出具体的工作方法。同时，我们还有一个学习的渠道，那就是调研。深入部门开展调研，一方面是了解相关工作情况，另一方面是向部门的同志们学习。当带着向部门的同志们学习的心态深入调研的时候，我们就会放下"大衙门"中的那种"优越感"，不是居高临下地指手画脚，而是真心诚意地请教我们不熟悉的问题，特别是在向部门的同志们了解工作的具体过程中，"搂草打兔子"地学到一些在机关文字岗位上学不到的工作方法。

第三，这种本领源于有意识地听各方人士"讲故事"。还记得我曾经说过要多交一些朋友，包括领导朋友、基层干部朋友、专家朋友和同行朋友，并且要经常听他们给我们讲故事吗？这里再次提醒"起草界"的同人要高度重视这件事，一定不要将自己仅仅定位为一名"文字匠"，关在屋子里埋头写稿子，不愿意与人打交道。要想方设法听各方朋友讲故事，因为这些故事里隐藏着很多工作的细节，有些我们现在作为"文字匠"可能用不上，但如果有一天我们走上领导岗位，这些就会成为我们的重要"间接经验"。这些"间接经验"积累多了，我们到了转岗的那一天才不至于头脑空空。

第四，这种本领源于领导直接交办给我们的一些工作事项。我们“文字匠”在领导身边工作，有的时候领导会把一些具体的工作任务交给我们。特别是，因为我们是领导身边的工作人员，本身没有各种利益关系的羁绊，不会出现偏袒哪一方的问题，所以领导有时会把一些需要由“中立第三方”出面研究解决的问题交给我们来办。这一点对年轻的“小文字匠”来说，机会可能还不太多，但对经常跟在领导身边的“大笔杆子”来说可能是家常便饭。我在担任市委副秘书长、政研室主任期间，就不止一次地接受过领导交办的这类任务。我的体会是，办事与办文、办会有相通之处，即都要认真负责、善始善终，抓好过程管理，等等。但它们之间也有不同之处，最大的不同之处在于办事要与人打交道，而办文、办会则要单纯得多。所以，一旦有办事的机会，务必珍惜，要在办事的实践中增长与人打交道的本领，并且注意在办事的过程中及时向领导请示汇报，以这种方式直接从领导那里学习具体的工作技巧。

在本职岗位上，时刻准备着

这一句话不仅是送给机关里的“文字匠”的，也是送给所有年轻的机关干部的。

我们在机关里工作，不论在哪个岗位，都有在职业生涯中更好地发展的需要。说得更直白一点，就是都希望通过自己的努力，在政治上不断进步。这种愿望完全是正当的，而且每一个有志于在公务员岗位上干出一点名堂的人都要有这样的抱负。

有了这样的抱负，后面的问题就是要付诸行动了。要付诸行动并不是要你去跑官要官，或者走什么歪门邪道，而是要扎扎实实地努力工作。但是仅仅努力工作，做个“老黄牛”还是不够的，要学会“动脑子”工作，这其中很重要的一点就是在本职岗位上工作的同时，注意研究上一级岗位乃至其他岗位的工作，为今后职业生涯的发展“时刻准备着”。

这里，我就以我们的文字岗位为例，讲讲应该如何做到“时刻准备着”。这种准备主要有以下两个方向。

第一，为在“文字匠”的职业轨道上进一步向前发展做准备。通俗一点说，这种准备就是自我加压，在起草每一篇文稿的时候都多想一层。想什么？想一想如果我是我的上级，我会怎样研究框架提纲，我会提出哪些观点，我会写出哪些新意，等等。如果有精力，不妨把自己的有关想法提纲挈领地写出来，也不用写得太正式，可能只是潦草地在纸上写一个大纲。然后等上级具体研究起草提纲的时候，再对照着上级的提纲思考一下有哪些地方不同，原因是什么。这时甚至可以在头脑中化身为上级，完全模拟上级的角色进行一下换位思考。等到稿子完成交给领导之后，再注意看领导进行了哪些修改，仔细揣摩一下修改的理由何在，哪些是上级想到而我没有想到的内容，还有没有比这样修改更好的思路或表述，等等。如果我们能够用这样的态度对待每一篇文稿，随时在头脑中与自己的上级进行换位思考，慢慢地就会自觉不自觉地摆脱只是一个“小笔杆子”的思维格局，开始向更高一级领导的思维方式靠近。当我们养成了这样的习惯，实际上就已经为担任更高一级的领导职务在心理和能力上打下了一个坚实的基础，如果这时让你参加诸如竞争上岗等选拔，你就有了比较充足的准备。

第二，为从“文字匠”的职业轨道向其他岗位的职业轨道“变轨”做准备。我在前面说过，不想当元帅的士兵不是好士兵，一个干部不能只想在文字岗位上困守一辈子，必须要提早为转岗做好准备。因此，我们在做好文字工作的同时，一定要通过这个岗位学习更多其他部门的知识，以及其他岗位上处理问题的好做法、好经验。同时，要珍惜办文、办会之外每一次办事的机会，在处理每一件事情的时候尽可能考虑周全，同时注意随时总结复盘，认真听取领导在办事过程中的指示和办事结束后的点评，确保办一件事增长一分实际工作的才干。此外，还要学会进行模拟思考，就是如果领导安排其他同事办事，你不妨在头脑中模拟一下，如果你来处理这件事会怎么办，然后把你的思路与实际办事同志的思路进行对比，自己权衡一下利弊得失，这样也会无形中增加你的一些经验，从而为今后“变轨”，走上新的岗位打好基础。

当然，这两种准备都有一个最基本的前提，那就是你必须有着强烈的“准备意识”，头脑中一刻也不能偷懒，特别是要从自己和别人工作的失败案例中及时总结教训。因为在一定程度上说，失败的教训比成功的经验更重要，记取了这些教训，可以最大限度地避免在今后的工作中碰钉子、走弯路。

机遇总是青睐有准备的人。所以，我们的年轻“文字匠”一定要勤奋再勤奋，做到“时刻准备着”！

不负老领导的鼓励

前不久，一位我过去在政研室工作时的老领导给我打来电话，他说读了我写的这些小文章觉得很好。我们从事文字工作的人不管今后干了什么都不要停止思考和写作，要把其作为一项终生的事业。

听了老领导的鼓励，我心里暖暖的，感触良多。我和这位老领导一样，都是从政研室的最基层干部一步一步地被提拔为市委副秘书长、政研室主任的，对文字工作可以说倾注了青春、心血、汗水和情怀。我想，人总是要有一点情怀的。我们“文字匠”说起来职位不高、权力不大，但“身在兵位，胸为帅谋”，其实是用另一种方式做着造福当地、造福人民的工作。从这个意义上来讲，我们真的不能自己把自己看扁了。把写字这个看上去微不足道的工作真正当成事业去干，做到躬身入局，神至心到，在这个岗位上一样能够干出属于自己的精彩。

20 世纪 90 年代，我曾经在《新华文摘》上读到一篇短篇小说，名叫《该你的时候》，讲的是一位县委办公室主任的故事。那篇小说给我留下了非常深刻的印象。我想，我们这些“文字匠”其实也要像小说中的主人公一样有一点担当精神，到了该你冲上去顶住的时候，就是不吃不睡也要顶住，按时保质保量地把文字起草工作任务完成好。此外，即使有时受到一些误解和委屈，但想到都是为了事业、为了全局工作，也要不计较个人的得失，继续全力投入到工作中去。

“起草界”的同行们不要以为我在唱高调，这真的是有感而发。我在前面说过“铁肩膀是用重担压出来的”，说的就是这个道理。而且必须看到，我们这些人看上去在办公室里“喝浓茶、尿黄尿”，点灯熬油、默默无闻地加班，其实我们的每一分付出领导和同志们都看在眼里、记在心中。过去每年到了年终考核的时候，我和我所在的部门一直被同志们和兄弟部门评为优秀，我本人也多次获得嘉奖和记功。所以说，天下没有干到黑影里的工作。至于说到“吃气”，那就更不值得一提了。我服务过的一位市领导曾经在一个大会上对众人指着我说：“你们别看我三天两头批评他，那是我看他工作还有提高的空间和改进的地方，要是他不行，我早就不批评他了，那样他也就不会有今天的进步了。”

最后，把我那位老领导对我说的话送给已经在“起草界”奋斗和即将进入“起草界”的朋友们。我的那位老领导说：“别光相信‘管住嘴，迈开腿’，人还是要勤动脑，这样才能长寿。”我想，这还真是至理名言，我们一朝干上了文字工作，其实就同思考和勤奋结缘，这种缘分应当伴随着我们的一生。即使我们有一天离开了“起草界”，也不要轻易放下手中的笔，要努力养成勤于思考、勤于动笔的好习惯。说实在的，等到我们退休后还能没事儿写点小文章，在陶冶自己的同时与一众好友分享，这可能真的是一条养生之道呢！

我还没退休，但已经对自己进行“轻自律”，每天写上一小段文字，也算是没有辜负老领导的期望吧！

代后记
轻自律的力量

不知不觉中，这个系列写到了最后，当我把这些“千字文”整理到一起的时候，自己都不禁暗暗吃惊，原来在100多天的时间里，我竟然写下了20余万字！

干我们这一行的人要想干出点名堂来，必须是一个长期主义者。我在这个系列的文章中不止一次地谈到习惯养成的重要性，不论是积累素材还是做笔记，都是一个持续不断的过程。我们要成为真正合格的机关文字工作者，这种长期主义也是“道与术”的重要组成部分。

我写公众号的缘起是感觉自己年近退休，想要养成一点业余爱好，以便退休后能给自己找点事干。（还记得我在前面讲到文字工作者的心理建设时谈到，要学会调剂生活，寻找快乐吗？这就属于调剂生活的一部分。）大约是长期从事机关文字工作养成的习惯吧，我从一开始动笔写公众号时，就给自己定下了每天必写一千多字的规矩。说起来，这个规矩定得既不高也不低，比较符合我说过的“轻自律”的要求。真要是每天写一篇长篇大论的文章，这个规矩势必难以实现，最后就会变成吊在天上的苹果，跳起来也休想吃到一口。这种“轻自律”则不然，它可以让你从一件看起来不难做到的小事做起，积少成多，习惯成自然地发生着变化。

我们文字工作者，不，不仅仅是文字工作者，包括所有年轻的机关干部都有必要趁着年轻给自己确定一个“轻自律”的目标。这个目标并非像有的人每年年初立下的目标一样，没过几天就自己“破戒”了，而是要定下一个相对说来比较容易达到并且能够长期坚持的目标。

这100多天来，我以公众号为媒，通过微信结识了好几位不曾谋面的朋友。这些朋友多数是我的“文字匠”同行，他们一方面给我出题目，另一方面把他们的心得通过微信和我分享，这令我非常感动。突然觉得，我们“文字匠”这个群体是那么的可亲可爱。有一位朋友向我分享他自己做的报刊摘编的笔记，如印刷体一样工整的字体、清新的页面以及用心制作的书皮，让我这个“老文字匠”看了觉得自愧不如。这位朋友也是长期耕耘在文字岗位，把读书学习变成了一种习惯，每天注意积累工作所需的各类素材。我们在微信上相互交流着心得，彼此都感到很有收获。从这位朋友的身上，我也看到了“轻自律”的影子。

不要小看这种“轻自律”的力量，积土成山，积水成渊，每天都能给自己一点点改进和提高，积累起来就会变成连你自己都不敢相信的进步。就如同我写这个系列文章一样，刚刚写下第一篇的时候，自己尚且不能确信会写成什么样，因为是兴之所至，随手写来，连提纲和目录都没有，纯粹是“草鞋没样，越打越像”，最后竟然写下这么多。所以，我相信连我这样懒散的人尚且能够做到这些，我们“起草界”优秀的年轻同行应当也一定能够超过我这个年近退休的老家伙，通过不断给自己确立可及性强的“小目标”，潜移默化地改变自己，使自己一次次地蜕变，从平凡走向优秀，再从优秀走向卓越。

对了，我曾经说过我对管理学有一种偏见，不过这并不影响我读管理学的书，其中有一本书叫《从优秀到卓越》，我倒是推荐同行们抽空把它当作闲书翻一翻，里面讲的一些道理也适用于我们“起草界”同人。当我们通过确立“小目标”实现“轻自律”之后，我们就有可能使自己达到持续的优秀，而持续的优秀便是卓越。

愿我们年轻的同行坚信“轻自律”的力量，不断地强化自我修炼，最终脱颖而出，成为卓越的“文字匠”，进而成为一流的领导干部，让自己的职业生涯之路越走越宽。